T0281970

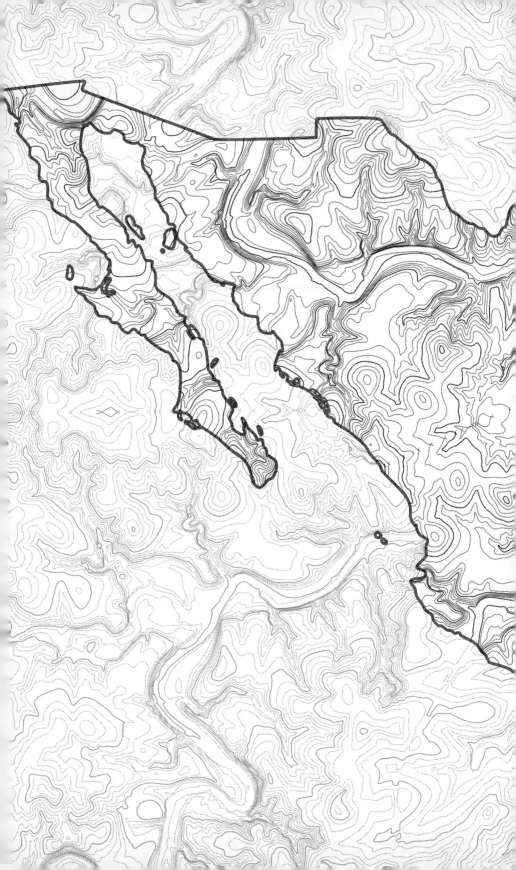

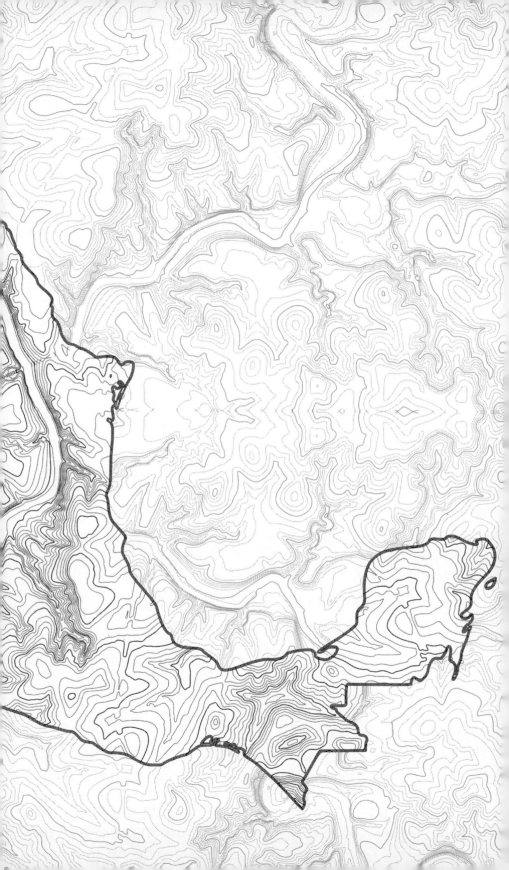

Yael Weiss

Los muros de aire

y otras crónicas de frontera

DEBATE

Los muros de aire
Y otras crónicas de frontera

Primera edición: julio, 2023

D. R. © 2023, Yael Weiss

D. R. © 2023, derechos de edición mundiales en lengua castellana:
Penguin Random House Grupo Editorial, S. A. de C. V.
Blvd. Miguel de Cervantes Saavedra núm. 301, 1er piso,
colonia Granada, alcaldía Miguel Hidalgo, C. P. 11520,
Ciudad de México

penguinlibros.com

ISBN: 978-607-383-333-2

Impreso en México – *Printed in Mexico*

A quienes perdieron la vida intentando cruzar por mi país

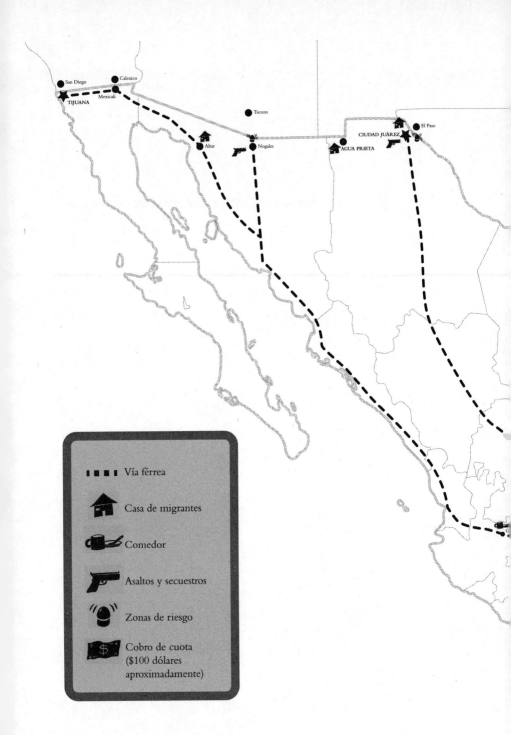

Vía férrea

Casa de migrantes

Comedor

Asaltos y secuestros

Zonas de riesgo

Cobro de cuota
($100 dólares
aproximadamente)

★ Inspirado en el mapa mural que se encuentra en el
Hogar-refugio para migrantes, La 72, en Tenosique.

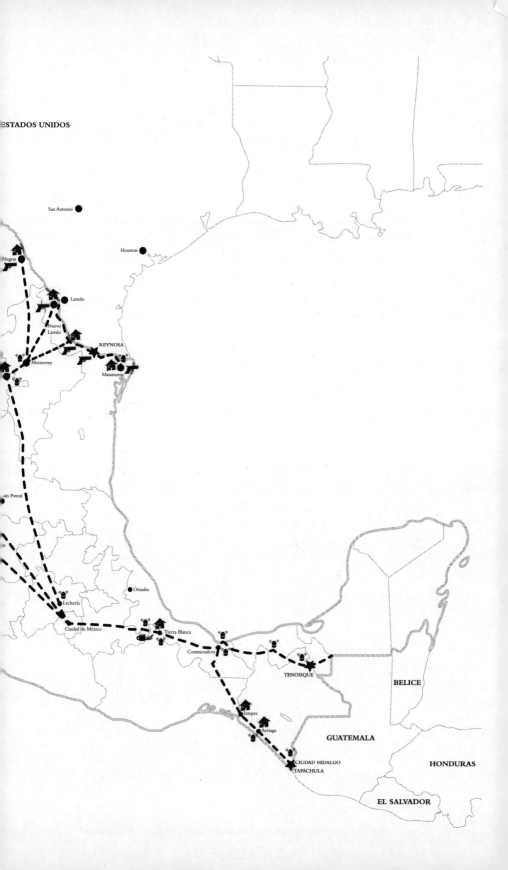

Nota de la autora

En noviembre de 2018 hice un viaje a Tijuana que coincidió con la llegada de miles de personas que venían de Centroamérica y querían cruzar la frontera con Estados Unidos. Era la caravana migrante más grande que se había organizado hasta entonces.

Cuando me vi corriendo a un lado de sus integrantes y junto a periodistas profesionales que cargaban cámaras y micrófonos peludos, empecé a sospechar que no tomaría mi vuelo de regreso a casa en la fecha planeada. Quería entender, pero también ser capaz de relatar lo que veía a los que no estaban ahí conmigo. Estaba dispuesta a correr, sentarme o quedarme inmóvil el tiempo que fuera necesario para luego dar mi testimonio. No sé si logré este propósito, ni siquiera si es posible sacar una verdad general de tantas pequeñas verdades, pero observé lo mejor que pude y me traje lo que aquí consigno.

Poco después de esta experiencia decidí volar a Tapachula. No conocía la frontera sur, así que me lancé durante mis vacaciones. Dije a mis amigos que realizaba "turismo político", que no había como ir a ver con ojos propios eso que leíamos en las noticias y nos acongojaba tanto.

La estancia al borde del río Suchiate en compañía de los migrantes, sus sueños, vivencias e ideas me hizo comprender las proporciones del problema: eran mundos enteros en marcha, tan difíciles de detener como exigirle a la Tierra que cese sus giros.

Samuel Beckett asegura que basta con colocar a dos personas en un escenario para dar inicio a un drama. ¿Qué sucede cuando son miles de personas? Se trata de un drama de dimensiones inconmensurables donde se anudan y desanudan las infinitas posibilidades de lo humano.

En las fronteras de México todo se reconfigura y mueve sin cesar. Las personas, por supuesto, pero también las políticas y las fuerzas en juego. Relatar lo que se ve en un momento dado se parece a tomar una fotografía. Es sólo una instantánea, pero si está bien encuadrada puede retratar un estado del mundo.

Mis últimos viajes fueron menos inocentes. Pedí consejo a mis amigos periodistas, contacté a personas clave antes de llegar a las ciudades, acordé entrevistas y estancias en albergues. Mi última visita fue a Reynosa, donde me aseguraron que no podía andar sola por las calles haciendo preguntas. Tuve que contratar a un *fixer* que me cuidara las espaldas. Era como un reportaje de guerra, porque en efecto era la guerra.

A lo largo de mis cinco estancias en la zona fronteriza vi todo tipo de estrategias, algunas incomprensibles; por ejemplo, la del muchacho que traía en su cangurera todas sus órdenes de deportación por si lo agarraban de nuevo. Las preciaba como los únicos documentos que le daban identidad. Otras tácticas me parecieron ingeniosas. Supe de una coyota yucateca que con la foto de sus clientes buscaba a mexicanos con facciones parecidas. Los contactaba para comprarles su credencial del INE y con esa identificación en regla mandar al migrante en un vuelo regular y seguro desde Mérida hasta Reynosa.

Supe de quienes lograron cruzar y de quienes siguen intentándolo. Vi todo tipo de caracteres. Vi a gente que huía de su país para salvarse la vida o para librarse del yugo de la extorsión. Otros escapaban de la pobreza y por eso les tengo un aprecio particular, me parecen unos auténticos rebeldes.

Todos ellos me dejaron claro que la humanidad se mueve, se mezcla y sueña, que es su ritmo respiratorio. Recordé que en mi propia línea de sangre hay miles de kilómetros a pie, pasos apresurados por regiones hostiles, hay ríos, montañas y extensiones de hielo. Si me remonto más atrás en la historia, me encuentro con gente cruzando el estrecho de Bering y veo barquitos a la deriva en los océanos, que luego se convierten en carabelas, luego en trasatlánticos. Somos un archivo de desplazamientos. Tarde que temprano añadiremos nuevas geografías, quizá nosotros, quizá nuestros descendientes.

Las olas que hacen cada día los migrantes al moverse tienen formas infinitas, vienen las unas detrás de las otras; se parecen entre sí, aunque nunca son iguales. Como las del océano, no pueden encerrarse en un solo libro. Mi intención ha sido dar cuenta de las olas que me sumergieron en un momento preciso, cerca de las líneas que dibujan a México en los mapas. Espero haber logrado retratar estas cinco, las que me tocaron, y que ustedes puedan sentir su fuerza de mar de fondo.

LOS MUROS DE AIRE

Tijuana, noviembre de 2018

Para Alejandra Carrillo Soubic

1

Aquel hombre tenía muchas cosas que demostrarme. Por ejemplo, que era ciudadano de Tijuana con una vivienda propia situada frente al comedor salesiano. Sacó su credencial de elector y colocó la uña del índice justo debajo de la dirección, para que no me quedara duda. Se llamaba Fabián y tenía el dedo sucio. Dijo que desde su casa podía ver el paso de las caravanas, porque por ese lado entraban a la ciudad. Vio desfilar a los primeros hondureños de esta oleada, la más grande que ha habido hasta ahora, la que salía en los noticieros y primeras planas. Eran más de cinco mil personas que marchaban con rumbo al norte desde hacía un par de meses.

Empezamos a hablar por contigüidad, porque estábamos parados sobre el mismo trocito de banqueta, en medio del gentío que se arremolinaba afuera del campo de beisbol Benito Juárez, bien bardeado y de acceso restringido, donde los migrantes acampaban como podían desde hacía una semana; es decir: con

15

carpas prestadas o donadas, en solitario o en familia, entre maletas, cobijas, ropa tendida y juguetes de segunda mano. El hacinamiento era tal en ese espacio asignado por el municipio que las personas preferían pasar el tiempo en la calle cerrada con vallas. Eran tres o cuatro cuadras sin tránsito vehicular.

Cientos de migrantes hacían cola para recibir alimento. Desde la banqueta observábamos aquella fila que iba por el centro de la calle y se extendía por varias cuadras hacia arriba, hacia el resto de la ciudad. La urbanización justo tenía su límite aquí, en la "línea", que es como los locales llaman a la frontera. El muro fronterizo se veía detrás del puesto móvil de comida donde los soldados de la Marina servían sopa y arroz.

Novecientos kilómetros de barreras de contención, detectores de movimiento, sensores electrónicos y equipos con visión nocturna iniciaban en Playas de Tijuana, cerca de aquí.

En la fila larga que mirábamos embobados solo había varones. Para evitar los contactos indeseables las mujeres se formaban aparte, en una cola más corta que no alcanzábamos a ver, mucho más cerca de las ollas de comida. Los rostros eran serios, preocupados, aunque listos para reír en cuanto se apareciera un compa a tirar cábula. Los más jóvenes sobre todo jugaban a darse empellones y hacerse bromas. Tardé en comprender que unos muchachos que gesticulaban con exageración, un poco más arriba en la fila, eran sordos. Parecían los más alegres, se contaban cosas en apariencia muy graciosas y se doblaban de la risa.

Fabián me contó que vivió en Kansas y que lo habían deportado por conducir sin licencia el auto de un compadre. Su esposa y su hija se habían quedado allá —y entonces señaló el pedazo de muro que teníamos a la vista—, no las había abrazado en nueve años. Sacó de su cartera unas fotos ya desgastadas y sucias que me entregó a modo de prueba.

En la banqueta de enfrente, al otro lado de esa línea humana que dividía la calle longitudinalmente, un Tsuru transmitía música evangélica por unos altavoces sobre el techo del carro.

Me despedí para ir a ver qué onda con el Tsuru evangélico. Crucé la calle, pidiendo permiso a los migrantes que abrieron un hueco, como las aguas del mar Rojo para que yo pasara, y lo cerraron de inmediato detrás de mí.

Parado sobre la cajuela del Tsuru blanco, un hombre gordito y sudoroso, de camiseta a rayas y tenis New Balance, dirigía un acto paralelo de distribución de alimentos. Con un micrófono de cable conectado al *sound system* del coche amonestaba a las cinco columnas de personas inquietas formadas ante él. "¡La columna más derechita va a pasar primero!", gritaba. Sus tres ayudantes entregaban platos con arroz y frijol como los que repartía a diario la Marina Armada de México, el cuerpo militar movilizado para atender la crisis. Sobre el parabrisas trasero se leía "Jesús es el Señor" en letras blancas y estilizadas.

Los criterios con los que el evangelista del Tsuru seleccionaba la fila que pasaría por comida me resultaban misteriosos. En cuanto se acababa una se formaba otra en su lugar con gente que parecía salir debajo del asfalto. Cuando se acabó la comida, los no elegidos rompieron filas con caras largas y tomaron con desgano los *flyers* que les tendían los acólitos.

El hervidero de personas era tal en las inmediaciones del campo de beis que se hacía una especie de mar revuelto que se traga y escupe un mismo objeto varias veces. Se veía una cara que luego reaparecía unos metros más adelante, y luego otra vez, pero en una dirección opuesta, como transportada por una corriente subterránea, invisible e ilógica. Así que no me extrañó cuando Fabián reapareció a mi lado como por acto de magia. Le hice notar que la fila del centro de la calle era lo único que no se había movido: los mismos tres chavos desmadrosos seguían chiflando a sus cuates que circulaban por ahí, el mismo señor de sombrero y zapatos lustrados formado detrás de ellos los miraba con media sonrisa y el chavo alto y flaco de gorra de los Yankees observaba en silencio la espalda de otro con gorra de los Raiders.

—Es que no han empezado. Están calentando las ollas. Los vi que están contando los platos —me explicó Fabián.

—¿Quiénes?

—Los marinos. Tienen unos cucharones de este vuelo, así, más grandes que los del comedor salesiano.

Se veía muy impresionado. Hizo el gesto de revolver un guisado con círculos amplios.

—Un cucharón de esos fácil te sirve cinco platos.

Nos balanceamos un rato más sobre nuestros pies, de talón a punta y de regreso, con las manos en los bolsillos ante el espectáculo de la cola cada vez más silenciosa, haciendo resistencia bajo el sol de mediodía.

Fabián reinició la conversación con un tema más confidencial. Detectaba a mucho malandro de Tijuana mezclado con los hondureños, declaró que los reconocía porque tuvo una tienda a unas cuadras de donde estábamos. Sacó su celular para enseñarme unas fotos de su antiguo local.

—¿Y qué querría hacer un malandro de Tijuana por aquí? —le solté.

Me irritaba que muchos tijuanenses querían echar a la caravana fuera de la urbe con el pretexto de la inseguridad. Tenían en muy poca estima a quienes llamaban "los hondureños" sin distinguir entre nacionalidades. Cuando se les preguntaba por ellos, se ponían a hablar de lo maravillosos que resultaban los haitianos en comparación, lo trabajadores y honestos que eran. Un taxista me confió que algunos señores procedentes de Haití ahora circulaban con ropas elegantes y en Mercedes, todo eso ganado a punta de trabajo. Dio unos golpecitos finales al volante, satisfecho con demostrarme que el sueño americano podía suceder en cualquier lado, incluso en México, aunque él no lo hubiera conseguido para sí mismo.

Fabián guardó silencio. Parecía hipnotizado por la cola que iniciaba su lento movimiento hacia adelante. Pasaban nuevos rostros, particulares en la forma de la nariz, el dibujo de las cejas o la carnosidad de los labios, pero a fuerza de repetición eran todos más o menos el mismo, el rostro del migrante quemado por el sol. Las ropas no siempre ajustaban a la talla, pero parecían salir del mismo tianguis, el de todas las periferias de Latinoamérica.

Cuando yo misma había olvidado mi pregunta, Fabián respondió:

—Pues sacar provecho, robar algo, juntarse con los malandros hondureños, organizar algún jale.

—Pero no hay nada que robar, ¡esta gente no tiene nada! —reclamé cuando entendí de qué hablaba.

Ni él ni yo habíamos entrado al campo de beisbol donde dormían hacinados, pero podíamos constatar desde afuera, a través de los barrotes blancos, la acumulación de cosas regaladas y sin valor. Cobijas de la cruz roja, ropa sucia, zapatos usados, muñecas sin brazos y balones sin aire.

—Yo tengo un taller de carpintería donde cabe mucha gente —me aseguró de pronto—. No te miento, soy carpintero, mira, toca estos callos.

Sin pensármelo, palpé sus palmas abiertas, y luego examiné mis propias manos, mucho más suaves. Algunos muchachos empezaron a correr hacia la parte de arriba de la calle, en sentido contrario a la fila. Los que estaban formados no se movieron para no perder su lugar.

—¿Ahora qué pasa? ¡Vamos! —propuso Fabián.

—Han de estar regalando comida o ropa —le expliqué—, los coches con donaciones se estacionan por allá —señalé hacia la siguiente esquina.

Era obvio que llevaba yo más tiempo que Fabián observando los movimientos de la calle.

—¿Vamos? —repitió.

—Aquí me quedo, mejor.

Ya había visto todas las formas en que los ocupantes de esos vehículos regalaban cosas, algunos con timidez bajando apenas las ventanillas de sus autos, otros con la cajuela abierta y gritando al por mayor. Gran parte de los donantes pertenecían a alguna iglesia y aprovechaban para sermonear o repartir propaganda. Hasta una *pick-up* de haitianos religiosos se arrimó con sándwiches. Me contaron de cuando ellos eran recién llegados y de la iglesia que los había acogido.

No tenía ganas de ver a migrantes esperando regalos como niños.

—Bueno, yo sí voy. Esta mañana antes de venir estaba mirando las noticias en la televisión, todo el desmadre con los hondureños. Pero mejor me vine a ver con mis propios ojos.

Tras esas palabras, Fabián desapareció entre el flujo de personas. Su última explicación no necesitó ni documentos ni fotos ni callos de respaldo. *Vine a ver con mis propios ojos* me pareció la expresión más simple y exacta de lo que yo también estaba haciendo ahí.

2

Al día siguiente, el domingo 25 de noviembre de 2018, desde muy temprano los integrantes de la caravana comenzaron los preparativos para una manifestación pacífica. Habían decidido marchar hasta la garita de El Chaparral, una de las puertas de entrada a los Estados Unidos, con la idea de concentrarse ahí para que los dirigentes del país del norte tomaran conciencia concreta de esta caravana formada por mujeres, niños y hombres en edad de trabajar y, con algo de suerte, le otorgara el paso.

Estaban muy cerca de la meta y ansiosos.

De nuevo se había formado la cola en el centro de la calle ante la carpa militar del desayuno. Sobre las banquetas, a ambos costados de esta línea humana, los migrantes pintaban banderas y mantas con los colores de sus países. Añadían mensajes con plumones y pinceles.

"Si Dios con nosotros, ¿quién contra nosotros?", rezaba una bandera de Guatemala. "El Salvador 503", decía en la franja superior un estandarte de ese país y en la inferior: "Llegó la hora del florecimiento". Unas mujeres pintaban rosas sobre una manta con el nombre de "Trump". Un niño se paseaba con su bandera de cartón donde había anotado los nombres de su familia: Hernán, Yasmín, Kevin, Jorge, Santiago y Lis. En letras blancas sobre una lona azul se leía: "Dios hizo el mundo sin fronteras, Dios es bueno".

—¿Por qué 503? —pregunté a los muchachos.

—Señora —respondió el único que me prestó atención, un señorcito en realidad, de rostro triangular y flaco—, 503 es el prefijo para la llamada internacional a El Salvador. La usan los que ya están allá. Si Dios quiere la usaremos pronto para dar la buena noticia en casa.

Se hizo a un lado para que pasaran los que cargaban una manta que reclamaba en letras negras escurridas: "Trujillo, Colón: me despojaste de lo único que tenía, mi tierra".

Un vendedor de banderitas de México y los Estados Unidos hacía su agosto, pues con ellas los manifestantes completaban su mensaje de solidaridad entre naciones.

Ya rondaban los periodistas. Ante una cámara de televisión, un hombre enrollado en un estandarte con los colores de Honduras respondía que si Dios lo ayudaba, hoy mismo cruzaría la frontera. Interrumpió la entrevista en cuanto aparecieron su mujer y su niña cargando unos platos recién servidos con frijoles. Comieron ahí mismo de cuclillas sobre la calle, a las prisas porque la marcha estaba por empezar.

Hasta el frente se colocaron las banderas más grandes, una de cada país: Honduras, El Salvador, Guatemala, Nicaragua, México y Estados Unidos. Inmediatamente detrás se formaron quienes traían la manta por los compañeros que se quedaron en el camino. Narraban que algunos se accidentaron o cogieron una enfermedad letal, y que otros fueron secuestrados. Se contaba de un camión con mujeres y niños que desapareció sin dejar rastro. Eran tantos los integrantes de este éxodo y tan larga su caminata hasta acá que unos habían muerto y otros habían nacido, unos se habían separado —como se lamentaba a mi lado un señor al que acababan de mandar al cuerno— y otros se habían conocido y amado. Algunas madres se sorprendían de que sus hijas ya traían novio.

En el centro de la calle la gente ya lista daba señales de impaciencia. Un escuadrón de la policía de Tijuana con rodilleras y cascos vigilaba desde la esquina, en formación relativamente discreta; algunos uniformados tomaban fotografías de la situación con sus celulares, pero también se echaban sus *selfies*. Los periodistas estaban superactivos, registraban con video y grabadora de voz. Algunos niños se deslizaban entre la gente porque eran portadores de mensajes; otros niños, en cambio, estaban fuertemente sujetados por sus familiares para que no se perdieran en la muchedumbre.

Por un altavoz fue anunciado el inicio de la marcha. La persona que lideraba la columna entonó un Padre Nuestro. Algunos cerraron los ojos y movieron los labios sin emitir sonido, rezando con fervor. Otros se agarraron de las manos para sentirse fuertes y unidos ante Dios. Hubo mucho amén. Se otorgaron cinco minutos extra para las plegarias personales, las de cada uno según su fe y el tamaño de sus peticiones. Y luego a caminar.

La gente iba con mochilas al hombro y bultos en mano, o bien empujando carriolas de bebé que en su mayoría servían como carritos para cargar colchonetas y otros objetos personales. Muchos habían empacado porque no sabían si iban a volver al campamento. Dos niñas seguían a sus padres con patines del diablo y un muchacho con su bicicleta; había también hombres más viejos con bastón o muletas y algunos más en silla de ruedas.

Se avanzó con buen ánimo por una calle que corría paralela al muro y luego por otra que se alejaba de la línea fronteriza siguiendo el trazo del río Tijuana, ya entubado, que justo ahí cruzaba desde los Estados Unidos para adentrarse en México.

Se coreaban las consignas:

Somos trabajadores,
internacionales;
marcada de rojo,
está la frontera,
porque ahí se mata,
a la raza obrera.
¡Alerta!
¡Alerta al que camina!

Para acercarse de nuevo a la frontera, había que pasar por encima del río. Pero una doble fila de la policía antidisturbios bloqueaba la entrada al puente El Chaparral con sus escudos transparentes. Los solicitantes de asilo se paralizaron ahí. Agitaban sus banderas y levantaban sus carteles con mensajes, cantaban y pedían el paso bajo el sol intenso de las diez de la mañana, posando involuntariamente ante las cámaras de los periodistas que seguían en su intento de llevarse la mejor imagen. Algunos helicópteros de la Border Patrol vigilaban el área y los manifestantes acostaban sus carteles para que sus mensajes pudieran leerse desde el cielo.

Unos cuantos jóvenes imaginaron que podían cruzar por debajo del puente ocupado por la policía y se lanzaron, rompiendo el orden y el itinerario preestablecido. Los granaderos trataron de detenerlos, hubo golpes y jaloneos, pero no pudieron porque toda la gente se fue detrás de ellos, como posesa por el demonio de la libertad. En un abrir y cerrar de ojos cientos de personas corrían en desorden por encima del río Tijuana, como una horda al ataque del muro fronterizo. Se ralentizaban en lo más profundo del lecho de concreto, porque no podían pasar todos al mismo tiempo por el puentecito peatonal que libraba los dos metros de agua aún a la vista, y luego trepaban corriendo aún más rápido a la orilla opuesta donde un grafiti decía: "El sol brilla para todos".

Padres y madres sujetando niños, pero también ancianos y lisiados con muletas se apuraban, no querían quedarse atrás, deseaban demasiado llegar a los Estados Unidos.

Los helicópteros gringos se triplicaron en cuestión de minutos, como palomitas de maíz que estallan en el aire. Echaron un par de bombas lacrimógenas, lo cual enloqueció aún más a la masa envalentonada, pero también desorientada.

Era casi palpable la electricidad que corría de cuerpo en cuerpo y los encendía todos, la excitación del pequeño triunfo de haber burlado a la policía, de ser capaces de tal atrevimiento. Iban a cruzar la frontera, iban a vencerla.

"Vámonos, vámonos, para adelante", gritaba el altavoz.

Pero los integrantes de la caravana desconocían la geografía del lugar, igual que yo y la mayoría de los que pisábamos la región

LOS MUROS DE AIRE

por primera vez. Para comprender la dinámica de la desbandada tuve que consultar posteriormente un mapa, lo cual aconsejo a quienes deseen imaginar con más precisión lo que sucedía ese día de noviembre y que relato a continuación.

Después de escalar la otra orilla del río, los más atrevidos se fueron por su lado, buscando al azar los accesos a los Estados Unidos e intentando escalar el muro en distintos puntos. Eran banditas de jóvenes con capuchas y gorras que se hacían pie de ladrón y se izaban unos a otros.

Los granaderos se movilizaron en formación militar para alcanzar a la multitud que se encontraba al otro lado del río, de modo que avancé junto con la prensa y otros manifestantes por el puente liberado.

Pasamos por encima de la autopista internacional donde sucedía el caos. Como todos los días cientos de coches se habían formado para cruzar la frontera más transitada del mundo, pero los gringos la cerraron y los obligaron a darse la vuelta en U. Era inédito. Los helicópteros volaban a quizá cincuenta metros de nuestras cabezas, decían cosas en inglés que no se comprendían por los altavoces. El puente El Chaparral desembocaba en una pequeña colonia de tres calles donde se condensó un grupo que se engrosaba minuto a minuto con los que cruzaron por debajo del puente. Las personas casi no hablaban, tan entregadas que estaban a la acción, todos los sentidos hacia afuera. Seguían automáticamente sus piernas, que a su vez seguían las piernas de otros, y una voluntad general, que parecía no pertenecer a nadie aunque la formaran ciegamente todos. Se escuchaban solamente las exclamaciones de quienes tropezaban y se torcían un pie, o la voz de un niño que hacía preguntas, o un "Estados Unidos, ¡hacia allá vamos!" y risas nerviosas. Había que derrumbar una pequeña barda para salir de la colonia y alcanzar el muro, así que se derrumbó.

Tras la barda caída, se escalaban unos cinco metros de pendiente para alcanzar un terraplén, más bien una franja de polvo y yerbas secas, y al final el muro de separación entre países.

Las familias de migrantes, una vez ahí, se amontonaron sin saber qué hacer. Algunos se alzaron sobre unos vagones de carga abandonados y miraron cómo los más valientes, o los más imprudentes, trepaban hasta la cresta del muro de separación y se quedaban petrificados al constatar la presencia de los agentes fronterizos del otro lado. Los helicópteros insistían en rondar sobre esta pequeña tribu indecisa y terca, como los ojos de un hermano grande y poderoso. Después de una hora de este espectáculo, en que unos miraban la tierra prometida desde lo alto de los vagones o el muro, y otros solo la imaginaban con los pies en el polvo, los migrantes iniciaron la marcha atrás.

Unos veinte granaderos mexicanos se habían colocado en la porción de barda violada para impedir que más personas ascendieran hacia el terraplén donde nos congregábamos sin saber qué hacer. El paso de la carretera hacia el descampado era difícil por la inclinación casi vertical del terreno. Pero resultó más sencillo de escalar de ida —como lo hicieron los migrantes con carriolas, colchonetas, cobijas y niños en brazos, y siguiéndoles el paso los reporteros con sus cámaras de televisión y postes de micrófonos peludos—, y mucho más complicado fue descender de vuelta, en caída casi libre. Con una amabilidad sorprendente para quienes conocemos su brutalidad, los granaderos auxiliaron a los centroamericanos en su descenso del terraplén desembarazándolos de sus pertenencias que pasaban en cadena de arriba hacia abajo mientras las señoras y los niños se agarraban los unos a los otros para no desbarrancarse.

Como una estampa que resume el choque frontal de imaginarios y realidades, recuerdo a un granadero sosteniendo con incredulidad un pesadísimo abrigo de piel de oso bajo un sol aplastante y una temperatura media de 30 °C. Alguna señora del trópico había quizá escuchado que en el norte hacía frío y no quería pasarla mal en la nieve cuando llegara a su destino.

El saldo final de la estampida fue de unos cincuenta detenidos por las fuerzas estadounidenses —los que saltaron las primeras vallas fronterizas—, y decenas de heridos por las balas de goma y las bombas de gas caídas del cielo. Pero el corolario fue la dura realidad: detrás del primer muro había más muro, más rejas, y cámaras y reflectores y sensores de movimiento, además de soldados armados hasta los dientes y helicópteros de caza; no era solo cuestión de saltar y escabullirse en la tierra de la libertad. Esta frontera no era como las de América Central, tan endebles, ni como la que separa a México de Guatemala que se abrió unas semanas antes debido a la presión de la caravana.

3

Esa mañana se perdió el *momentum* de la caravana de octubre y noviembre de 2018, la primera en llamar la atención del mundo por su tamaño.

El embrión se formó en San Pedro Sula, en Honduras, con unas trescientas personas. El día en que empezaron a caminar su número ascendió a mil. Hubo quienes la veían llegar desde sus pueblos, agarraban sus mochilas y se iban con ella. Al momento de cruzar la primera frontera, la de Guatemala, ya eran dos mil. En ese país la caravana engrosó con miles de salvadoreños, guatemaltecos y otros grupos de hondureños que habían empezado su migración por separado. La prensa se sumó también, dando mayor visibilidad a lo que comenzó a llamarse "éxodo". En la frontera con México, las fuerzas militares resistieron durante dos días. Los migrantes se amasaron bajo el sol, sin moverse de sitio, hasta que algunos cientos derribaron la reja que separa ambos países al grito de "sí se puede", esquivando los golpes de los guardias que rápido se dieron por vencidos. Otros aprovecharon la diversión para el cruce masivo por el río Suchiate, en balsas que se desbordaban de gente o simplemente a nado.

Avanzaron en caravana por México, descansando en algunos espacios rápidamente adaptados para acogerlos, como el estadio de la Magdalena Mixhuca en la capital. La sociedad civil se conmovió con las imágenes de la prensa y donó toneladas de ropa, comida, juguetes. En algunas ciudades, para deshacerse del problema, las autoridades consiguieron autobuses para darles unos buenos kilómetros de aventón hacia el norte. Así que cuando se estrellaron con el muro de los Estados Unidos, estos miles de migrantes traían la inercia de una descomunal bola de nieve. Fue un golpe frontal muy duro.

La fuerza de la fe también entraba en la ecuación. Dios acompañaba a los migrantes en sus corazones y plegarias. Algunos llamaron a la caravana "Éxodo" porque de muchas maneras lo era en un sentido bíblico. La integraban los esclavos de la pobreza, de la violencia y del crimen protegido por los Estados. En una noche los esclavos empacaron lo que cabía en sus mochilas, prepararon a sus hijos y se despidieron de los más viejos o de los enfermos que no podrían acompañarlos a los Estados Unidos, la tierra prometida donde se aseguraba que había libertad, leyes funcionales y trabajo bien pagado.

En Tijuana, la mañana del domingo 25 de noviembre de 2018, cuando los integrantes del éxodo se dirigieron hacia la garita del Chaparral, muchos llevaron consigo lo más preciado que tenían porque esperaban no volver atrás. Intercambiaron teléfonos con los amigos por si el camino los separaba. Pero el Mar Rojo no se abrió, el milagro no ocurrió y Dios guardó silencio. Ese día quedó claro que la caravana, al menos en forma de caravana, no cruzaría. En la frontera con los Estados Unidos se desmoronaba la mística. Cada quien debía pedir asilo para sí mismo y esperar la resolución de su caso particular, lo cual tomaba meses e incluso años.

Si se contaba con el dinero, se podía concertar un cruce clandestino con los polleros, a riesgo de la vida. También se perfilaba la posibilidad de diseminarse por México en busca de trabajo y vivienda, sorteando las redes del crimen organizado y la discriminación hacia el centroamericano. O bien volver a casa con la cola entre las patas.

4

La tarde de ese mismo día, mientras los noticieros repetían en bucle las imágenes de la desbandada matutina para ilustrar la crisis en la frontera y repetían con alarma que estaría cerrada hasta nuevo aviso, se apersonaron en las inmediaciones del campamento los voluntarios de las asociaciones civiles afincadas en Tijuana y hasta ciudadanos que creían saberlo todo de los cruces clandestinos y legales. Querían orientar a los hondureños, explicarles cómo era la frontera en realidad, qué esperar, cómo comportarse, dónde apuntar sus nombres para pedir el asilo, qué decir en Migración, qué no decir, dónde buscar trabajo mientras se resolvía su caso. Por el maquillaje elaborado se notaba de inmediato qué mujeres no pertenecían a la caravana, pues quienes caminan por semanas a la intemperie van con la cara desnuda.

Las cámaras de televisión y los reporteros buscaban entre la masa inquieta a quién entrevistar, como quien pesca con arpón en una piscina repleta.

Unos enviados de la televisión estadounidense instalaron un equipo completo de filmación, con su cuadrilla de técnicos en sonido, dos cámaras y varios reflectores, para entrevistar a una mujer con cuatro hijos, personaje lo suficientemente dramático para la transmisión especial. Me uní al grupito que se estaba formando detrás de las cámaras para escuchar la entrevista. Era como ver las noticias sin pantalla.

—Sí estuve, pero me regresé antes de cruzar el río porque ya estaban echando las lacrimógenas —contestó la mujer—. Íbamos hasta atrás de la marcha porque no pude estar lista con mis hijos. Tenía que bañarlos y hay mucho lodo, mi más chiquito se resbaló y se abrió la rodilla.

La jefa del equipo de filmación, una señora obesa de quizá unos cuarenta años interrumpía la entrevista sin miramientos. Jalaba a su joven entrevistadora por la camisa para decirle cosas a la oreja, dejando a la entrevistada en pausa y desconcertada. Le preguntaron demasiadas veces por qué había venido y por qué quería entrar a los Estados Unidos. No sé si buscaban mejores respuestas o si querían buenos respaldos de imagen.

—Mis hijos no van a la escuela, señora. En los Estados Unidos quiero trabajar y que ellos estudien.

Los niños jugaban entre las piernas de la entrevistada con unos muñecos de plástico, ajenos a lo que se decía de ellos.

—¿Sabe usted que es muy difícil entrar a los Estados Unidos? —preguntó la reportera con su acento pesado.

—Tienen que ayudarnos. No tenemos nada, solo venimos a trabajar —suplicó la mujer.

—¿Sabe usted que se tarda mucho tiempo el proceso?

—Les pido que por favor nos ayuden —decía la entrevistada con un tono lastimero, mientras la señora obesa jalaba a su reportera de la camisa—. Este campamento está lleno de enfermedades, mis niños no pueden ir al baño porque están desbordados, llenos de basura y de infecciones. No se puede vivir aquí.

—¿Qué mensaje le quiere dar a la gente de los Estados Unidos? —preguntó la reportera después de escuchar las palabras secretas de su jefa.

—Que nos dejen pasar primero a las mujeres que venimos solas con niños, no somos criminales, somos las más necesitadas, que por el amor de Dios nos ayuden.

Se hizo el silencio. La señora obesa hizo una señal de "terminado", así que los técnicos bajaron sus micrófonos y apagaron las cámaras, la reportera y su jefa se pusieron a discutir y la señora con los cuatro hijos, comprendiendo también que el acto había concluido, se sentó a dos metros de ahí, sobre la banqueta, a seguir con la espera. La mayor parte de la gente que escuchó estas declaraciones se dispersó, en busca de otro *happening* en la calle. A lo largo y ancho de la calle se formaban grupitos en torno a las múltiples entrevistas que hacía la prensa, a los tijuanenses que daban consejos, a los voluntarios de las ONG que despejaban algunas dudas (que en el fondo eran las de todos), a los sacerdotes que repartían hojas con letras de canciones y ponían a la banda a cantar. A mi lado, un chico seguía observando el escenario vacío donde antes ocurrió la entrevista.

—¿Cómo ves? —le pregunté.

—Muy mal —me dijo.

Se llamaba David y también venía de Honduras. Me contó que pertenecía al grupo que inició la caravana, que se inspiraron en las que formaban los familiares en busca de sus desaparecidos en México y Centroamérica.

—El día de antes nos juntamos para dormir cerca de la terminal de autobuses, pero la voz se corrió y muchos se nos juntaron desde esa misma noche y otros, ya en el camino.

David levantaba la mirada cada tanto. Tenía las pestañas chinas y casi güeras, como si se las hubiera quemado por accidente

31

con un encendedor. Era bajo y fornido, y estaba enojado con la señora de los cuatro hijos.

—Si esas mujeres llegaron hasta aquí fue por nosotros, porque las protegimos en el camino, porque les pusimos el hombro. Las ayudamos a subir y a bajar de los tráileres, les dimos prioridad para comer y el mejor sitio para dormir. Nosotros nos arriesgamos más, a los hombres nos matan mucho más —me aseguró David—. ¿Y ahora piden que las dejen entrar primero? Somos una caravana y ellas la quieren destruir.

—Pero tú puedes irte a buscar una chamba. Bueno, si quisieras. Pero esta mujer está atorada cuidando a sus niños.

—Sí, pero no —dijo David.

Insistía en la fuerza de la presión colectiva que podían ejercer como caravana, sin dividirse. Pensé que los Estados Unidos era el sitio por excelencia donde cada quien jala para su lado y prima el individualismo más pragmático, pero no lo dije. Yo más bien quería un mundo lleno de gente como David, quien todas las mañanas recogía la basura.

—Por todas partes vamos dejando un mugrero. Así no nos va a apoyar la gente —me explicó.

Platicamos largo rato. No había mucho qué hacer en el campamento condenado a la espera. Él había dejado a sus hijos en Honduras porque el camino era demasiado peligroso, su plan era mandar dinero desde los Estados Unidos, para que pudieran estudiar.

—Fúmele, banda, fúmele, banda; fúuuuuuuumele —un migrante circulaba con dos cajetillas abiertas para vender cigarros por unidad en la calle atestada. Como siempre, estaba dividida en dos por la fila de los alimentos.

David dejó de hablar. Escondió el rostro bajo su visera así que lo dejé tranquilo. En cuanto me alejé, me arrepentí. No le había pedido sus datos para escribirle más tarde y tener noticias suyas, ni siquiera le había tomado una foto para recordarlo. Corrí hacia el sitio donde lo había dejado, pero ya no estaba y jamás pude encontrarlo, ni ese día ni el siguiente, entre los miles de migrantes.

5

Uno de los personajes más solicitados por la prensa era el joven con la curación en la cabeza. Una gruesa banda de algodón le daba vuelta a la altura de la frente y un rectángulo blanco le cubría la nariz. Le había caído encima una de las bombas lacrimógenas que lanzaron los helicópteros estadounidenses, la mañana del 25 de noviembre, sobre la estampida de migrantes que corrían hacia la frontera. Bajo los vendajes, el muchacho tenía catorce puntadas realizadas por una enfermera de un hospital público de Tijuana. A todos los entrevistadores los llamaba "papá". A cuadro narraba los hechos, papá, y aseguraba que él no se desanimaba, papá, que hoy o mañana o en un año él entraría a los Estados Unidos. Tenía diecinueve. No, no iba hasta delante de la desbandada, papá, prefería ver cómo avanzaban los primeros, pero tampoco iba a la zaga. Lo más importante, declaró ante las cámaras de Televisa y luego de Tv Azteca y también de sus homólogos del país vecino, es que él no cejaría en sus intentos por llegar al otro lado, papá. Tenía toda la vida por delante para lograrlo, papá.

6

A la mañana siguiente apareció una carpa que ofrecía la repatriación voluntaria. Había cola para pedir información e inscribirse. Desde la fila para la comida, que pasaba por ahí, los que tenían hambre miraban a los que habían perdido la esperanza de cruzar. Los ánimos decaían. La gente al fin se prestó a escuchar cómo eran los trámites para pedir asilo y cuántos meses tardaban. Muchas mujeres con niños querían regresarse, una de ellas decía que se arrepentía de haberlos traído hasta acá, que no era lo que imaginaba, que era demasiado difícil y mucho sufrir.

—Fúmele, banda; fúmele, banda; fuuuuuuuuúmele —insistía el ambulante.

La encargada de la lista de repatriación voluntaria me confirmó que ese día se habían registrado ochenta personas y opinó que era un buen número para una primera jornada. Me aseguró que con las complicaciones y las escaseces de la vida en el campamento, irían cayendo muchos más en el transcurso de la semana. Pregunté por una señora con tres niñas que acababa de levantarse de una de las sillas sin apuntar su nombre. Era la segunda vez en el día que hacía la cola para solicitar que la regresaran —respondió otro trabajador de la carpa—, pedía que la protegieran de quienes la amenazaban de muerte en su país. Eso, desafortunadamente, rebasaba lo que podían ofrecerle.

Los ya inscritos a la repatriación formaban un grupo compacto y aislado, porque los iban a transferir a un albergue. Debían separarlos para que no se arrepintieran de último momento, pero también para que, al ver los autobuses a punto de partir, no intentaran subirse en masa y sin registro muchos pasajeros más.

Había un hombre de unos cincuenta años sentado en una de las sillas de plástico reservadas a quienes pedían información. Se le veía alegre, con una sonrisa desdentada y entendida en su rostro tatemado por el sol. Le pregunté si estaba considerando volver a Honduras.

—Sí, señorita. Yo fui de los primeros en inscribirme para regresar —me aseguró—. Me uní a la caravana para viajar, porque me gusta conocer el mundo. He venido varias veces hasta México de clandestino, aunque nunca hasta el norte. Hasta donde llega la caravana, hasta ahí llego yo.

Me contagió la sonrisa. No había imaginado esta posibilidad entre los miles de motivos e historias de quienes se habían sumado a la caravana. Algunos huían de las pandillas y de la muerte y eso concentraba, justificadamente, toda la atención. Contra este muro fronterizo, sin embargo, se habían estrellado miles de mundos en marcha. No me parecía poco válida la aspiración a recorrer el planeta, un derecho cada vez más exclusivo de quienes tienen la nacionalidad correcta y el dinero suficiente para desplazarse con un pasaporte en regla, una visa de turista, boletos pagados y unas cuantas reservas de hotel donde pernoctar sin peligro.

—¡Buen viaje de vuelta! —le deseé.

—Que así sea, señorita. De ida veníamos libres, pero ahora iremos como presos.

Seguía sonriendo, chimuelo y feliz.

7

Para ingresar al campamento y recibir tres veces al día un plato con frijoles y la lata de chiles chipotle que los centroamericanos analizaban con asombro había que mostrar una pulsera similar a la que portan los huéspedes de los hoteles *all inclusive*: una tira de papel plastificado color fosforescente, imposible de quitar sin romperla. David me había contado que dudó antes de ir por la suya porque para obtenerla había que registrarse ante las autoridades. Cualquier migrante sin permiso de estancia teme entregar su nombre. Pero pernoctar en las calles de Tijuana como indocumentado era demasiado riesgoso porque te convertía en carnada para la policía o para cualquier local necesitado de zapatos.

La pulsera de identificación de los migrantes era, sin embargo, un arma de doble filo. Por una parte, los protegía, pues nadie salvo ellos podía entrar al campamento, ningún ladrón endémico, ningún local enojado —como aquellos que los atacaron a palos en Playas de Tijuana—. Por otra parte, los señalaba como habitantes del gueto. Afuera de la cancha de beisbol, en la calle cercada con vallas de la policía, el noventa y cinco por ciento de la gente portaba pulsera. Mientras más lejos de la zona reservada, más escasas se hacían.

Gracias a ese signo distintivo supe al primer vistazo que uno de los chicos que atendía un puesto de ropa de segunda mano, en la otra punta de la ciudad, era parte de la caravana. En vez de responder a mis preguntas sobre precios y tallas, gritaba "¡morra!" para llamar a la tendera que le había dado la chamba, que tenía el doble de su edad y se acercaba suspirando a darme la información.

En las calles del centro, quienes aún tenían un poco de dinero para comprar pañales o *Corn Flakes* se distinguían con esas pulseras de las demás personas que también compraban pañales y *Corn Flakes*. Los centroamericanos no resaltaban por su color, como los haitianos o los gringos en las calles de Tijuana. Para identificarlos era tan necesaria la pulsera como lo fue la estrella amarilla en las ropas de los judíos europeos cuando empezaron a ser perseguidos.

8

Mientras Donald Trump hacía su campaña presidencial y hablaba del gran muro que iba a construir en la frontera con México, millones de personas mirábamos la tercera o cuarta temporada de *Game of Thrones*. En esa serie aparecía una muralla de quinientos mil kilómetros de largo, doscientos metros de alto y setenta de ancho construida para proteger un imperio floreciente de las hordas incivilizadas que querían invadirlo. La guardia del muro, la *Night Watch*, repudiaba los ataques de los salvajes con catapultas y baños de aceite hirviente. La reciente escena de los helicópteros disparando balas de goma y gases lacrimógenos para disuadir a los migrantes de continuar con el asalto al muro fronterizo coincidía muy bien con las imágenes de *Game of Thrones* instaladas en el inconsciente colectivo. Más aún con el montaje dramático que realizaron los medios para las pantallas de televisión. El *close-up* a las caras de los niños —algunos en realidad lloraban porque sus madres los hacían caminar o no les compraban un chocolate—, aderezadas con el efecto hielo seco del gas, aumentó la indignación tanto de quienes pensaban que se trataba de una invasión bárbara como de quienes condenaban el abuso de la fuerza contra las familias indefensas.

Yo que estuve ahí, y corrí con la gente, y llegué hasta las bardas, y retrocedí ante el gas, no vi más violencia que la de siempre: la de las fuerzas armadas que reprimen las manifestaciones civiles y la de los manifestantes que se envalentonan y los enfrentan, sin absolutamente ninguna chance de salir ganadores. La proximidad de la frontera y la presencia de los helicópteros, además de la precariedad y la desprotección de los migrantes, le daba sin duda un toque particular, más grave, que descansaba mucho más en lo simbólico que en los hechos concretos.

Cuando, por la noche, vi las imágenes editadas en la televisión me quedó claro que se echaba leña a una confrontación cuya magnitud era imposible de evaluar todavía. Representaba una de las primeras batallas de una nueva guerra entre ricos y pobres; los primeros, acuartelados en sus instalaciones de lujo, climatizadas, succionando todos los recursos del planeta; y los otros, despojados de sus casas, sus tierras y hasta de agua simple para beber.

9

La fila de gente partiendo la calle en dos me hechizaba con su movimiento lento y su repetición sin cambio. Pasé a su lado muchas horas, que luego se hicieron días. Estaba segura de que tenía un mensaje para mí, algo que yo debía entender y luego compartir con quienes no viajaron conmigo y solo tenían noción de la caravana a través de los medios.

Los reporteros de las cadenas de noticias conocían mejor el terreno, sabían de antemano lo que les interesaba y lo que debían llevarse. En una o dos horas acababan su reportaje y se iban con la chamba terminada a redactar su nota y descansar al hotel, o a continuar su investigación en otro lado.

Yo, en cambio, estaba varada afuera de un campo de beisbol, al que no pude entrar porque no era periodista acreditada y ni tenía ninguna nota que entregar. Me hechizaba la fila permanente de personas esperando comida. ¿Qué había hoy por hoy en la cabeza de estas miles de personas que venían de tan lejos sin más entre las manos que un par de cobijas? ¿Existía un rasgo común para etiquetarlas y echarlas en un mismo saco de necesidades y posibles soluciones? ¿Había algo que me permitiera concluir que los migrantes que integraban las caravanas eran así o asá?

Aquel señor con sombrero de tela y camisa de vestir formado detrás de aquel muchacho con gorro de lana, bermudas y Crocs con calcetines de Mickey Mouse, ¿piensan en cosas similares? Ambos callan y esperan. Los perfiles de nariz aguileña tipo incaico que alternan con los de nariz chata tipo filipino, ¿comparten algo más allá de tener un hueco en el estómago y soñar con otro país?

¿Quién de ellos es recién casado y va a los Estados Unidos con la sola idea de ahorrar, de ir mandando el dinero necesario para construir una casa y fundar sólidamente una familia a su regreso?

¿Quién huye de la extorsión de las pandillas? ¿Quién se va con sus hijos antes de que los recluten las maras? ¿Quién va para que ya no le peguen, para que ya no la violen? ¿Quién es espía, oreja, chiflón? ¿Quién es agitador? ¿Quién solo está harto de su país corrupto, pobre y sin oportunidades? ¿Quién va para poder vestirse de mujer sin riesgo de ser asesinado? ¿Quién huye de la cárcel o la muerte por haber dicho alguna verdad?

Estaba tan abismada en la contemplación de la fila que tardé en descubrir al chico que se había sentado junto a mí en la banqueta para comer. Era de rasgos indígenas y uno de los muchachos más guapos que me tocó ver en el campamento. Me reveló que venía de un lugar hermoso como un paraíso y se lo creí de inmediato.

—¿Es selvático? —pregunté.

—Sí, está lleno de verde. Hay muchos árboles —respondió con los ojos chispeantes.

Mientras hablábamos comía sin cubiertos —porque no había— su plato de frijoles caldosos con arroz. Usaba sus dedos índice y medio con más habilidad que un japonés atrapando con sus palillos un último grano de arroz. Jamás había visto a nadie consumir comida casi líquida tan dignamente con las manos. Me dejó admirada, sobre todo porque en mi familia de migrantes europeos del siglo XX somos unos salvajes en la mesa: nos echamos sobre la comida como si estuvieran a punto de encerrarnos en un campo de exterminio, como a nuestros abuelos. Este muchacho, en cambio, tenía la paz de quien aún no ha sido quebrado por la máquina de la civilización occidental, por esa ansia.

Se llamaba Pedro. Me contó que llegó de madrugada en un tráiler con un grupo de treinta personas, que se bajaron a la entrada de la ciudad y desde ahí habían caminado. Me confirmó con una gran sonrisa que era uno de los chicos que durmieron hasta las doce del día sobre la banqueta, en pleno bullicio. Me dio dos razones distintas para dejar el sitio paradisiaco de donde venía. La primera era que se había jurado a sí mismo conocer otro país antes de morir. Tenía veintitrés años. La segunda era demostrarle a su familia, sobre todo a sus hermanos, que se podía vivir en otro lado, que no estaban encadenados por siempre a un solo lote de tierra. Del cafetal donde nació me contó lo que ya sabemos, los precios del grano en picada, los abonos y pesticidas cada vez más caros, la plaga de la roya que destruyó parte de la cosecha, las semillas modificadas que había que comprar, en fin: la suma de males que aplastaban a quienes aún cultivan sus pequeñas parcelas en un mundo globalizado que solo recompensa la producción masiva.

Iba a mandar dinero desde los Estados Unidos para que sus padres no se vieran obligados a vender la tierra, para que pudieran continuar con su modo de vida. Eran viejos, merecían morir tranquilos.

A un metro de nosotros, encima de una cobija extendida sobre un pedazo de calle, estaban echados entre bultos de ropa unos cuatro muchachos de alrededor de veinte años. Hablaban cada vez más fuerte, así que empezamos a oír pedazos de su conversación.

—Me sentí rependejo —contaba uno—, me asomé por encima del muro y ahí estaba luego luego un federal americano, nos quedamos viendo y el cabrón me tomó una foto con su celular. Ya me tienen fichado los hijos de puta.

De su viaje hasta acá, Pedro me contó que venía solo, que se unió a la caravana en territorio mexicano, que antes no sabía nada de ninguna caravana. Salió del paraíso con su primo —por la insistencia en llamar así el lugar de origen empecé a sospechar que la región portaba, como resultó cierto, ese nombre—. Me dijo que anduvieron solos por el camino hasta México. A su primo lo perdió en una corretiza cuando los alcanzó la migra. Mientras se escabullía en los matorrales, Pedro vio de reojo que su primo ni siquiera lo intentaba. Prácticamente se entregó a los brazos de quienes los perseguían.

—Él estaba muy cansado, no podía más.

—¿Y qué crees que sea de él ahora? —le pregunté.

Los chavos de junto se apretaron para abrir cancha a uno más, mientras que el que había sido capturado en la foto del federal estadounidense continuaba con el recuento de sus aventuras de muralla:

—Otro compañero saltó hacia el otro lado y lo recogieron casi casi antes de que tocara el piso, yo entonces mejor me regresé p'atrás —contaba.

—A la mejor ya está de vuelta en Honduras, en casa —respondió Pedro después de un rato. Se refería a su primo—. Aunque a la mejor está por alcanzarnos acá, él tenía muchas ganas de conocer los Estados Unidos. Se moría por lograrlo, no me extrañaría encontrarlo aquí.

—¿No puedes llamar a tu casa y preguntar?

—No pasan las comunicaciones, creo que está cortado. A ver si se arregla y entonces llamo.

No se le veía preocupado. O bien las imágenes de tortura policial, de chantaje, extorsión y asesinato por el crimen organizado de México no formaban parte de su bagaje, o bien no les permitía entrar al campo de su realidad porque necesitaba ánimo para continuar su viaje.

—No mames, a mí ayer por la noche no me dejaban volver, me detuvieron unos policías por allá arriba de la calle, por donde está el hotel que cobra cincuenta pesos las dos horas. No fue hasta que les mostré la pulsera que me dejaron pasar tranquilo —empezó a contar el chico recién llegado al grupo de junto.

En México, siempre ha sido difícil adivinar qué se traen los agentes, saber a quién van a acosar tal o cual noche, si a los indocumentados con pulsera o a los locales sin pulsera.

—¿Creen que en ese hotel tienen agua caliente? —preguntó uno de los chicos.

—Quién sabe.

—Dan ganas. Un bañito.

—Si no puedo pasar voy a trabajar en Tijuana —me dijo Pedro.

—¿De qué te gustaría?

—De lo que sea.

Aunque solo había platicado con unas cinco personas además de los intercambios rápidos de opinión en los agrupamientos en torno a las entrevistas —o a los enviados de las iglesias que al caer la noche repartían veladoras y nos hacían cantar—, advertí que la dinámica de las preguntas y respuestas siempre era la misma. De mí solo querían saber si era reportera o si pertenecía a una organización civil —yo respondía negativamente por no encajar en ninguna de las dos categorías— y si era de los Estados Unidos o de Tijuana, a lo que yo respondía que era de la Ciudad de México. Hasta ahí. Un muchacho que me abordó con la historia de que acababan de matar a su hermano en Honduras se siguió de largo en cuanto entendió que yo no era nadie; él necesitaba ayuda inmediata. Otro me plantó cuando no supe responder sobre alguna organización de deportados en Tijuana que pudiera darle razón del paradero de su hija en los Estados Unidos. Pero la mayoría de los integrantes de la caravana se prestaba a responder a mil preguntas y, rascándole un poco, a contar toda su historia.

Se establecía una asimetría involuntaria entre quienes preguntaban y quienes respondían, pues estos últimos eran los indocumentados, los que debían justificarse y caer en gracia. En cambio, quienes hacíamos las preguntas estábamos parados en un terreno donde la sola nacionalidad nos daba un poder inmenso, al punto de que el intercambio degeneraba pronto en una suerte de interrogatorio. En débil compensación, acaso, les servíamos de superficie reflejante a sus palabras, de espejo donde mirarse.

Cuando respondía a las preguntas, el migrante se estaba narrando otra vez a sí mismo, se reinventaba con la ayuda de otros ojos. Incluso cuando eran mentiras en proceso de volverse verdades.

Con su plato de unicel en una mano, sin huellas de comida por ningún lado salvo el brillo en los labios que delataba la mano pesada del chef de la Marina con el aceite, Pedro descansaba la mirada en lo que tenía enfrente. Justo en ese momento llegó el chico del vendaje en la cabeza y la nariz y se sentó con sus compadres, los que estaban echados junto a nosotros; venía con otros dos que ahora llamaba sus representantes y que también se acomodaron entre los bultos.

—Ya les dije que me ahuyenten a los reporteros, ni una entrevista más, me traen de nervios. Ya hasta estoy fumando, papá.

—Es que ya eres toda una estrella —dije yo, integrándome desde mi sitio a la conversación—. ¿No te da miedo que te cataloguen como persona violenta y no te dejen entrar?

—Yo voy a entrar como sea y con toda mi familia, y a ver cómo le hacen, papá, pero yo voy a entrar.

—¿Vienes con tu familia?

—Mi familia son estos que ves aquí —señaló al conjunto de muchachos sentados sobre la cobija—. Y éramos más, solo que unos no han vuelto.

—¿Pues dónde están?

—Quién sabe. A la mejor ya están del otro lado.

10

No era fortuito que los migrantes llegaran caminando, o que caminaran por largos trechos bajo el sol. Las filas que avanzaban en caravana por las carreteras nos estaban diciendo algo. Para empezar, que ponían el cuerpo y su vulnerabilidad en una marcha

de miles de kilómetros con el propósito de llevar hasta el muro
su pliego petitorio de asilo político, incluso de asilo económico.
Era infinitamente más que los cuatro kilómetros que marchá-
bamos para pedir justicia en la capital mexicana, entre el Ángel
y el Zócalo; más que de Central Park a Washington Square en
Nueva York, y más que de París a Versalles hacia donde salió una
muchedumbre de muertos de hambre en octubre de 1789. Aquel
contingente formado principalmente por mujeres harapientas caminó veintidós kilómetros bajo la lluvia hasta alcanzar las rejas
del palacio, donde la corte seguía con sus fiestas y sus galas. Iban
convencidas de que el rey no tenía noticia de la situación, de
que le bastaría con verlas para compadecerse. Las malas lenguas
pretenden que en esa ocasión sonaron las célebres palabras de
María Antonieta: "Si no tienen pan, que coman pasteles". Los
historiadores aseguran, sin embargo, que esa noche la turba exasperada logró que la familia real volviera al viejo Palacio en París,
el Louvre, para ocuparse del hambre de su pueblo.

La multitud que caminaba desde los arrabales de Honduras
hasta las rejas de los Estados Unidos me recordaba a esas mujeres
que una noche se improvisaron revolucionarias y consiguieron
la atención del rey. No databa de ayer que los migrantes subieran
desde sus países empobrecidos y cruzaran la valla que los separaba de una vida en dólares. Pero sí lo era que caminaran en grupos
numerosos a la luz del día, con las heridas expuestas. En Versalles y ahora en los Estados Unidos seguía la fiesta. "Mírennos,
gringos abusivos", parecían decir. "No nos escondemos como
maleantes, con los peligros indecibles de la sombra, pagando mucho dinero a la red de negocio ilegal que controla los caminos
y las entradas y salidas entre México y Estados Unidos. Mírennos, somos miles".

Las caravanas de centroamericanos que aparecieron en la escena en 2018 —o que por lo menos ese año alcanzaron un tamaño

suficiente para llamar la atención pública— se convirtieron en un reclamo atronador. La primera de estas caravanas arribó a Tijuana en abril con mil doscientas personas; la segunda, la de noviembre, juntó más de seis mil; la tercera y la cuarta venían en camino, fundidas en un solo flujo de exigencia contra un orden económico que permitía el paso hacia el norte del dinero y de los recursos naturales, pero no de las personas.

En una de las primeras negociaciones iniciadas en Tijuana con representantes de las autoridades estadounidenses, un grupo de migrantes solicitó cincuenta mil dólares por cabeza para volver sobre sus pasos, de regreso a su tierra. Un hondureño, de quizá 40 años, reía ante una cámara de televisión.

—Dijimos cincuenta mil dólares por decir algo, porque es imposible saber cuánto nos deben los Estados Unidos. Ellos nos roban los recursos, lo que ellos tienen en parte es nuestro. Que lo compartan. Eso pedimos. ¿Ha usted escuchado a Noam Chomsky?

El camarógrafo reconoció que no.

—Búsquelo en YouTube. Él lo explica muy bien. A mí me lo recomendó un compañero.

Aunque era probable que la mayoría de los centroamericanos haya iniciado su éxodo sin postura ideológica de ningún tipo, con el solo objetivo de llegar a los Estados Unidos y fundirse en el mercado de trabajo, las caravanas se hacían políticas al filo de los kilómetros. La gente hablaba, opinaba y compartía videos.

11

Se han erigido muchos tipos de muro, pero los invisibles son los más eficientes. José Revueltas escribió un libro que tituló *Los muros de agua* para narrar su estancia en el penitenciario de las Islas Marías, a ciento doce kilómetros de las costas mexicanas, una distancia que volvía casi imposible la fuga a nado. De un modo similar, en sus pueblos y arrabales, los pobres del mundo viven detrás de muros de aire, tan invisibles como difíciles de evadir a pie. Miles de kilómetros los separan de la tierra donde, cuenta la leyenda, existe una vida digna que se gana con un trabajo honesto, y donde la seguridad está garantizada. Son peligrosos de librar estos kilómetros de aire que los confinan a su lugar de nacimiento y explotación. Harían un gran favor a los poderosos de este planeta si se quedaran en sus áreas asignadas, trabajando por casi nada y sin fugarse. Quienes cruzan estos muros de aire, y luego las fronteras intermedias, y al final se enfrentan con las barreras más altas y tecnológicas erigidas para detenerlos solo a ellos, los más pobres y desesperados, son los más rebeldes entre nuestros contemporáneos, encarnan la valentía necesaria para iniciar las revoluciones. Pero no sabemos si habrá revolución. No sabemos si los integrantes de estas caravanas serán, al final, simple carne de cañón en una guerra ya perdida por anticipado.

Lo que sí podemos es escoger bando.

Esperando a la caravana

Tecún Umán-Ciudad Hidalgo, febrero de 2020

1

Permanecí cerca del Güero porque se notaba de inmediato que tenía la situación bajo control. Nada escapaba a su mirada despierta y astuta. Desde la playa veíamos las balsas cargadas con mercancía y pasaje que iban y venían entre México y Guatemala, empujadas con una larga percha. Giraban levemente sobre su eje como pesadas flores sobre el agua.

Todos le decíamos el *Güero* porque en ningún país de Centroamérica hay que romperse la cabeza con el apodo cuando una persona es rubia y de ojos azules. Tenía el rostro cuadrado, la piel roja, los dientes chapados en oro y el físico de un búfalo. Fungía de padre de familia para quienes entrábamos en su territorio y contábamos con su aprobación. Si se sentaba a contarte una anécdota, sabías que te había integrado a su esfera de mundo y que te protegería.

Nos ubicábamos en la periferia del puerto balsero. Aun así, los habitantes de las casuchas instaladas sobre la arena traficaban con sus propias balsas. Para ganarse unos quetzales, el Güero les ayudaba con el pasaje, pero no usaba la percha, sino que se ataba la embarcación a la cintura para jalarla a través del Suchiate como un animal de tiro. El Güero daba otros pequeños servicios, de pronto se le veía talando un árbol o acarreando agua para alguna doña, y al instante siguiente estaba de regreso con nosotros sobre el dique de piedras, con una hermosa sonrisa dorada.

A su esposa le decíamos la *Güera*, igual que me decían a mí. Ella era mayor que él, de unos sesenta, y tenía un tipo caribeño de caderas amplias, piel morena y pelo decolorado por el sol. Al muchacho salvadoreño de dieciséis años que se nos juntó y amaneció con nosotros lo llamábamos el *Muchacho*. Otros muchachos se acercaban un rato y luego desaparecían, pero el mero "Muchacho" era él. Al otro lado del río veíamos a los soldados de la Guardia Nacional mexicana, con sus uniformes blancos en la resolana. Esperábamos a la sombra de un árbol y sin nombre de pila a que llegara una nueva caravana de migrantes. Los güeros me aseguraron que era algo tan bonito que debía presenciarlo.

—Vas a ver que la caravana llega hoy por la noche o mañana temprano —me prometía la Güera con los ojos entrecerrados. Usaba mucho ese gesto de enfocar a lo lejos algo agradable, a veces para hablar de lo más inmediato, como el árbol y la brisa que nos protegían con su frescura, otras para lo verdaderamente remoto, como sus hijas que la esperaban en Estados Unidos y que no había visto en ocho años—. Ya va a llegar —repetía de vez en cuando arrastrando la erre final. Me hizo saber, con los ojos entrecerrados también, que la primera noche que pasaría en Nueva York iba a cenarse la mejor sopa china del mundo, en un restaurante que conocía.

La comida era uno de sus temas favoritos. Dejaba a un lado las delicias de los Estados Unidos cuando recordaba las lentejas sin sal que servían en las casas del migrante. En sus rencores ocupaba un lugar prominente el sándwich de mermelada que le dieron para todo el viaje cuando la deportaron de Mexicali a El Salvador, un año atrás. Con el enojo, cruzaba los brazos y sus ojos echaban chispas.

—Mi gobierno paga caro —argumentaba—. Dan quinientos dólares por cada uno de nosotros ¡y nos matan de hambre! Por eso nos atrapan los mexicanos, por el dinero que valemos.

—¿Quinientos? —dije pensativa.

—Sí, quinientos —confirmó.

Luego descruzó los brazos y volvió a entrecerrar los ojos, más relajada, quizá soñando con los billetes verdes.

El Muchacho se había puesto de pie para estirarse.

—¡La Bestia! —exclamó.

Levantó el dedo índice hacia su oreja. Se escuchaba, en efecto, un lejano silbato de tren.

—La vez pasada lo tomé —dijo el Muchacho—. Pero no vuelvo a hacerlo, perro.

Un huracán reciente había deshabilitado las vías de aquel tren mítico que iniciaba su recorrido en Ciudad Hidalgo, la ciudad frontera al otro lado del río. Debía tratarse ahora de una corrida local, corta. Unos chavos que compartían la sombra del mismo árbol que nosotros prendieron un toque. Ni el Güero ni la Güera ni yo le dimos el jalón, pero nos envolvió el aroma rico y grasoso de la hierba. Nos mantuvimos en silencio, con la mirada fija sobre el río que repartía la luz del sol en miles de brillitos. Al otro lado patrullaban las perreras del Instituto Mexicano de Migración, unas camionetas blancas listas para embarcar a los ilegales. A lo lejos parecían de juguete.

2

El primero en hablarme de la caravana fue un reportero del lado mexicano. Lo topé de madrugada en el Paso del Coyote, el puerto balsero por donde transita parte de la población local cuando tiene quehacer en la ciudad de enfrente, pero sobre todo cuando cruza con mercancía de contrabando. El hombre me detuvo con un gesto de la mano y unas palabras incomprensibles hasta que exclamó:

—¡Perdón! Pensé que eras extranjera y que venías con el grupo de gringos. Te estaba diciendo que estaban allá —señaló con el pulgar la continuación del camino de tierra que bordeaba el río.

Portaba un chaleco de reportero y lo seguía un muchacho con un micrófono peludo en la mano.

—La verdad —me confió el hombre—, creo que son de la CIA.

—¿Cómo? —pregunté extrañada.

—Pues eso parecen, pero no les supe preguntar.

Se veía frustrado.

—Voy por ellos, les pregunto y ahora vuelvo —le prometí.

Esquivé a un borracho que echaba bronca a dos militares uniformados de verde que le tenían una paciencia increíble y hasta le sonreían. Alcancé a los gringos junto a un camión de la Guardia Nacional que estaba repartiendo el desayuno a sus soldados, los de camuflaje blanco. El único hombre viejo del grupo de extranjeros dio un paso adelante y tomó la palabra para responder a mis preguntas, como si llevara mucho tiempo esperando el momento:

—Estamos aquí —me aseguró solemnemente—, porque los grupos que hoy cruzan a México mañana llegarán a los Estados Unidos. Debemos saber quiénes son, cómo manejar su ingreso, cómo darles un primer acogimiento y luego una vivienda en nuestro país.

Se trataba de un profesor del City College de Nueva York con su grupo de estudiantes de arquitectura. En ese momento, arrancó el camión de la Guardia Nacional y nos cubrió de polvo.

El garbo torpe y recién salido de la adolescencia de los estudiantes me pareció convincente, así que le aseguré al periodista de chaleco que no eran de la CIA. Él ya estaba investigando con uno de los balseros si por la mañana habían cruzado migrantes centroamericanos.

—Un grupo muy pequeño —le respondió este—, unos cinco. Pasaron el río a pie apenas amanecía. Los detuvo la Guardia.

—¿Nada más? —insistió el reportero.

—Sí, nada más. Ahora no están cruzando. Desde el otro día.

Se refería al momento de la semana anterior en que una caravana de tres mil personas intentó ingresar a México por la fuerza. Tras encontrarse con las puertas del país cerradas y la presencia de la Guardia Nacional, trataron de atravesar en masa el río Suchiate. Los soldados les dieron caza y los atraparon.

—Aquí mero dónde ve —nos señaló el camino de tierra que corría paralelo al río—, pasaban los prisioneros, muchos de ellos con niños. Los subían a unos camiones, y quién sabe adónde los llevaban.

El reportero se dio la vuelta sin dar las gracias y abordó a quemarropa a un segundo balsero. Me disgustó su arrogancia, así que me senté sobre un pedazo de cemento para mirar el río y sus actividades en lo que se iba.

Un agente de migración se acercó a la ribera para recibir una balsa de Guatemala. Como aumentaba la presión estadounidense por controlar la frontera sur, las autoridades desplegaban agentes del orden en este paso informal. Quienes viajaban desde las poblaciones montañosas de Guatemala aún no sabían que para irse de compras o de visita al país vecino ahora debían tramitar su Tarjeta de Visitante Regional. El agente de migración no permitió el paso de dos mujeres quiché que tuvieron que volver atrás.

El borracho que antes enfrentaba al militar se arrojó al agua y empezó a dar de manotazos gritando: "¡¡¡No pasarán, perros!!!". Pero no se veía que le hablara a nadie en particular.

—Ya te están esperando tus amigos —me dijo de pronto un balsero.

Me señalaba una embarcación donde estaban de pie el reportero y su chalán del micrófono, dándonos la espalda y con la mirada fija sobre la ribera de enfrente. Parecían conquistadores decididos. "¡¡¡No pasarán, hijos de su pinche madre!!!", aullaba el borracho en dirección a la ribera opuesta, con la mitad del cuerpo dentro del agua.

—No son mis amigos —me defendí—, los acabo de conocer.

Estaba arrepentida de haberles propuesto en un inicio que cruzáramos juntos. Pero como en efecto me estaban esperando, preferí no complicar más las cosas y me embarqué con ellos.

El reportero era oriundo de Tapachula. Sus fuentes le habían soplado que una nueva caravana llegaría ese día a Tecún Umán.

Cuando desembarcamos, el reportero rechazó con enérgicos gestos de la mano a los choferes de triciclo que nos proponían sus servicios y caminó de prisa hasta la primera calle. Lo seguimos el muchacho del micrófono y yo. Una vez sobre el adoquín, se detuvo y me advirtió que no debía circular sola por ahí. Sobre esta calle que salía directo del puerto fluvial había casas de cambio, además de bares y cantinas, en su mayoría aún cerrados, pues eran apenas las ocho de la mañana.

—¿Qué vas a hacer? —me preguntó.

—Vengo a conocer, nada más. Y me gusta pasear sola —especifiqué.

No era mentira, pero no era toda la verdad. Yo soy una cazadora de historias. Con su brazo extendido, el tapachulteco señaló playa abajo y me dijo que por ningún motivo debía dirigirme hacia allá porque estaba lleno de maras, los temibles pandilleros de El Salvador. Intercambiamos nuestros números de WhatsApp por si veíamos a la caravana o escuchábamos alguna noticia de su llegada, y al fin partimos camino.

Regresé aliviada y más ligera hacia el puerto a tomarme un nescafé y comerme un pan. Me instalé con mi vaso de unicel cerca de donde aguardaban los choferes de triciclo, listos para subir a los recién llegados y encaminarlos a sus destinos. Las balsas salían de Guatemala cargadas de productos agrícolas en huacal y volvían con productos industrializados: cajas de cerveza y Coca-Cola, botes de leche Nido, paquetes de papel de baño y pañales. No llevaba ni quince minutos tratando de fundirme en el paisaje cuando unos triciclos me comunicaron que mi colega periodista estaba de vuelta. Para mi gran sorpresa, el reportero chiapaneco ya se embarcaba hacia México con su esbirro. No pensaba irme con ellos de regreso. Me adentré tranquilamente por las calles, dando la espalda al río.

3

Visité la iglesia. El padre se preparaba a recibir una nueva caravana, pero no en lo inmediato.

—Se tardará todavía cuatro o cinco días más en arribar —me aseguró. Luego pescó un celular que sonaba en algún pliegue de su sotana y se fue hablando bajito hacia el fondo de la nave.

Caminé por las calles polvosas hasta las rejas del albergue que no permitía visitas a esa hora. De ahí llegué de vuelta al río. Escalé el dique de piedras y me di cuenta de que estaba parada exactamente donde el reportero me dijo que se juntaban los maras.

A unos metros de mí estaba sentada una señora y le pedí fuego. Era la Güera. A nuestra izquierda, el dique de piedras se extendía unos quinientos metros hasta el puerto donde estaban los triciclos y aún más allá, hasta el puente Rodolfo Robles, el paso oficial para peatones. Sobre esa larga línea de piedras, había grupos de migrantes tomando el fresco. A nuestra derecha empezaban las viviendas de tablones instaladas sobre la arena. Esas casas miserables decían en su lenguaje de necesidad e improvisación que el río ya no era capaz de crecer hasta ahí.

El Güero tenía tratos con los habitantes de la primera casa, los dueños de la balsa. Cuando llegué estaba hablando con un señor tuerto y rengo que era el jefe de esa familia y que de vez en cuando se venía a sentar con nosotros para fumarse un porro.

—¿Cuánto darán, muchachos, por este monumento de mujer? —gritó en son de burla el hombre más viejo de un grupo que estaba instalado unos siete metros a la izquierda.

Un chico con falda y top estaba en cuatro patas frente al semicírculo que formaban sus clientes potenciales. Contoneaba sus nalgas huesudas en señal de invitación. La Güera me contó que era un mexicano que cruzaba todos los días a Tecún Umán. "Es bueno", dijo, "nunca le falta el respeto a nadie". El travesti trataba de sentarse en las piernas de los muchachos, sin éxito. Ellos se veían incómodos, no como el viejo que se burlaba. Se reían con la mirada clavada en sus propios pies. Una botella de alcohol de caña circulaba de mano en mano.

Poco después, para escapar del travesti, el grupo se mudó a la sombra de un árbol que crecía cerca del río.

—Ese señor —me dijo la Güera, refiriéndose al mayor— ya tiene su permiso de trabajo en México. Quién sabe por qué siempre anda por aquí, ¿qué se le perdió?

—Quizá extraña a la banda —propuse.

—Yo creo —dijo ella y se rio.

El muchacho de la falda, derrotado, se sentó sobre una piedra alta, puso los codos sobre las rodillas, la cara entre las manos, con puchero. Luego constató que la botella de caña a sus pies estaba vacía y la arrojó con despecho. Vino a pedirnos una cooperación para la siguiente. Sorteó su camino sobre las piedras sin perder el equilibrio a pesar del estado en que se encontraba. Nos negamos a darle dinero.

—Tú puedes cambiar si quieres —le dijo la Güera.

El muchacho la miraba fijamente, con la tristeza del mundo a cuestas. Tenía una afro sobre la cabeza. La Güera añadió:

—Pídeselo a Dios, rézale.

En su top, el chico había metido una toalla pequeñita para formarse un pecho. Limpió de basura un pequeño espacio para acomodarse junto a nosotras. En esa purga mi botella que aún tenía agua fue a dar al fondo de una grieta con un montón de otros desechos. Subía poco a poco el mar de basura en torno a las piedras.

La migración en parvada de los jóvenes y el viejo hacia la sombra más delgada de un árbol de la ribera había dejado al descubierto a un hombre dormido un poco más allá sobre una piedra ancha y plana. Un rayo de sol que se coló entre las ramas le dio en la cara y en un par de minutos logró movilizarlo. Aún más trastabillante y alcoholizado que el muchacho de la falda, caminó hacia donde estábamos. Nos dio a cada quien el saludo de choque de puños.

—¿Qué vamos a hacer cuando se termine el aire? —nos preguntó luego con preocupación.

Nos reímos. Pero para él era un cuestionamiento serio.

—¿De dónde cree que soy, señorita? —me preguntó a mí.

—Mmmm. ¿Catracho?

—¡No! *Wrong!*, señorita, *Where I am from?!*

—Usted es del Salvador —intervino la Güera.

—No!!! *Wrong!* Yo soy de la Tierra —exclamó triunfante—. ¿O no? —añadió dirigiendo su mirada hacia mí.

—Pues sí —le dije.

—*Do you speak english?* —me preguntó con su fuerte acento hispano.

Respondí que un poco. Él quiso entonces probarme:

—*How are you?*

—Dile *"fine"* —me sopló de inmediato la Güera.

—*Fine* —le dije.

El hombre pasó entonces a preguntar "¿De dónde soy?" a los tres muchachos que compartían la sombra de nuestro árbol.

—¿O no estoy parado sobre la Tierra? —argumentaba el hombre—. Eso es lo que la gente no entiende, que somos de la Tierra. Que no hay fronteras —abrió los brazos e hizo como que volaba—. Pero díganme, ¿qué vamos a hacer cuando se acabe el aire? Nos vamos a morir.

—¿Pero por qué se va a acabar el aire? —pregunté.

—Porque nos lo estamos acabando. Es lo que estamos haciendo, destruyendo la vida del planeta... —después de unos segundos de reflexión climática, nos preguntó—: ¿Será cierto lo del virus en China?

—Sí, dicen que es cierto —dije yo.

El Güero y el muchacho no decían nada.

—¿Sabe qué señorita? —retomó el Hombre de la Tierra—. Yo no me quiero morir solo. Y estoy solo, señorita.

Como el mimo que sabe cambiar la alegría por la tristeza con un rápido ajuste en sus líneas de expresión, ahora el hombre parecía al borde de las lágrimas. Nos contó que su mujer lo había abandonado.

—Me dio el mejor regalo que se puede dar a un hombre, me dio dos hijos, una hembrita y un varón. ¿Cómo podría no amarla por siempre? ¿Señorita?

A cabos sueltos nos narró la historia de su matrimonio. Se interrumpía de vez en cuando para preguntar de dónde era, decir que se acababa el aire o preguntar a quien cruzara hacia la primera casa de la playa —que tenía baño de alquiler y golosinas a la venta— a cuánto le cedía las bermudas o los tenis que traía puestos. Después de que nació la niña, su mujer tuvo una enfermedad de vagina y él fue con mujeres de paga. Lo dijo bajito y de modo más confidencial, como un pecado menor y perdonable dadas las circunstancias. Pero luego, explicó más fuerte, mientras él vivía en Chicago la mujer se juntó con otro.

—Ya olvídala —dijo la Güera.

—¿Cuánto tiempo estuviste en Chicago? —pregunté yo.

—Ocho años —dijo él—. No, creo que diez.

—Una mala esposa —dictaminó la Güera.

Fue demasiado grande mi impulso por justificar a esa mujer desconocida.

—Pero una mujer también necesita cariño y abrazar a alguien cuando la dejan sola tantos años —argumenté—. ¿A poco tú no tuviste novia en Chicago?

Sentí la reacción de desaprobación en torno mío.

—No —dijo la Güera—, eso no debe ser. Que por caliente una señora lleve un padrastro a la casa que luego se viola a las hijas. No se puede hacer eso, son cochinadas.

Hasta los más jóvenes parecían de acuerdo con ella. Cerré la boca. Me encontraba ante un mundo más violento que el mío, con otras reglas, y mis conceptos de igualdad de género aquí no valían.

—¿Quién sabe inglés? —preguntó el Hombre de la Tierra.

—Mi —dijo la Güera.

—A ver, ¿me puede decir qué dice mi playera? —la estiró con las dos manos para que leyéramos bien: *Gangsta as Fuck, But Still Need Cuddles.* Por culpa de ese gesto casi se cae de su piedra.

—Cuidado, cabrón —dijo el Güero—. Te vas a joder más la rodilla. ¡Ya siéntate!

El Hombre de la Tierra no hizo caso. Su camiseta tenía un agujero en la costura del hombro. Entre todos logramos llegar a la traducción aproximativa de "Bandido hasta la madre, pero igual necesitado de apapacho".

—¡No me quiero morir solo! —se lamentó otra vez. Puso la cara entre las manos como si fuera a llorar. Guardamos silencio. Los muchachos fumaban mota, el tiempo se extendía, la arena nos deslumbraba, los sonidos se hacían largos.

—Es que es mi cumpleaños —se justificó el borracho. Sacó de una bolsa interna de sus bermudas unos documentos envueltos en plástico y nos los pasó.

Los migrantes siempre sacan sus documentos. De un modo u otro, una acaba con sus papeles en las manos, mirando en fotocopia o en original sus fotos, sus nombres, sus fechas de nacimiento, la demostración fehaciente de que ellos también son ciudadanos con derechos en algún lugar del mundo.

—Faltan cuatro días, cabrón —lo regañó el Güero cuando le tocó mirar las pruebas de identidad—. ¡Y ya guarda eso que los vas a perder!

—Sin ellos no soy nadie —declaró con solemnidad el Hombre de la Tierra.

Comprobé a mi vez que en efecto faltaban unos días para su cumpleaños número cuarenta y nueve.

—No quiero llegar a los cincuenta. Ya no quiero vivir... —se puso a llorar con la cara entre las manos.

Los muchachos voltearon hacia otro lado, hubo chasquidos de boca, reclamos, chiflidos.

—Para con eso ahora mismo —el Güero levantó la voz.

La Güera me miró con cara de "ya ves", muy irritada.

—Aquí no se ha muerto nadie, ¡esas son lágrimas de pura caña! O le paras o te vas —amenazó el Güero.

Iba pasando por la playa un vendedor de donas espolvoreadas de azúcar. El Hombre de la Tierra lo llamó y nos compró una dona a cada uno para que lo perdonáramos.

4

Se nos acercó un muchacho alto, de tez blanca, con tres cruces tatuadas en la barbilla. Las portaba con orgullo, como lo primero que debía verse al dirigirle la palabra, muy diferente al Güero con sus tatuajes borrosos y deslavados, que parecían haber perdido toda importancia y podrían perfectamente no estar ahí. Sorprendía lo pequeña que era su cara para el tamaño de su cuerpo bien desarrollado. Constituíamos el grupo más llamativo entre los que se acomodaban sobre las piedras porque había dos mujeres: la Güera y yo. Las demás se resguardaban en los albergues, canjeando la libertad de movimiento por la seguridad.

El recién llegado nos preguntó si sabíamos por dónde iba la caravana. Planteé la posibilidad de que la información estuviera publicada en los periódicos. Me parecía increíble que se hablara sin cesar de una nueva caravana, tanto del lado mexicano como del guatemalteco, pero que nadie tuviera datos concretos sobre ella. Eso estaba bien para el siglo XII, cuando el rumor de que se avecinaban las huestes de los mongoles recorría los países de Europa, sembrando el terror. Pero hoy había drones, inteligencia militar y periodistas que seguían los flujos de la gente que se mueve. Una de las ventajas de las caravanas es que son mediáticas, porque eso las protege.

—Está en el Facebook —me aseguró el muchacho del rostro pequeño—. Ahí dice.

Saqué mi celular, resignada a sacrificar las últimas rayitas de batería a cambio de una información tan relevante. En las horas que llevaba sentada ahí me había dado cuenta de que la gente casi no sacaba el teléfono como en las ciudades, la mayoría se lo guardaba bien, para cosas importantes. Algunos muy jóvenes que tenían suficiente batería y crédito se distraían con videojuegos o *hits* de música en el YouTube. Pero nada de leer noticias, así

59

que estábamos sumergidos en un caldo de avisos, alertas e informaciones que circulaban de boca en boca.

—¿Dónde en el Facebook? —pregunté tras desbloquear la pantalla.

—Ahí mero —me dijo. Las tres cruces en la barbilla estaban invertidas y la del centro era mucho más alargada que las otras.

—Pero ¿mero dónde? ¿A quién buscas o qué?

—Ahí luego luego te aparece —me aseguró.

Extendió la mano y le tendí el aparato. Escroleó mi muro de noticias sin encontrar lo que buscaba y me devolvió el celular con cara de perplejidad. Se despidió y continuó su camino por la playa.

—Ese estaba en el albergue, perro —dijo el Muchacho.

—¿Estás en el albergue? —le preguntó la Güera.

—Ni en pedo —dijo el Muchacho—. Estuve un día nada más. Me salí desde antier.

Mantuvimos el silencio unos minutos. Pesaba el sol aun en la sombra.

—Te dan puras lentejas, perro —retomó el muchacho.

—Y el frijol viene con piedra —se quejó la Güera.

Alguien chasqueó la lengua. Vi que me miraba uno de los chicos pachecos como si me tocara decir algo.

—¿Sí comen frijol en sus países? —pregunté.

—Sí, güera. Y nos gusta el frijol y nos gusta la lenteja, a nada le hacemos el feo —me explicó la Güera—. Pero en los albergues te avientan la comida como a los perros. Eso sabe mal.

—A quienes no les gusta el frijol son los catrachos —dijo el Hombre de la Tierra—. No están acostumbrados. Les da diarrea. No hay que caminar muy cerca con ellos porque van echando gases.

Todos se rieron. Hasta ese momento caí en cuenta de que estaba con puro salvadoreño. Un hombre de Honduras estuvo un rato con nosotros, pero se había ido después de un pequeño concurso de identificaciones. Me hicieron juez para determinar qué documento de identidad estaba más bonito, si el salvadoreño que parecía gringo con sus chips y era bilingüe, o el hondureño, más modesto pero que dibujaba en su centro, orgullosamente, la forma del país. Después de analizar los documentos que me metieron a la fuerza entre las manos, declaré el empate. Retomaron sus identidades, decepcionados y sin creerme.

—Mira, Güera —retomó la güera—, ni los huevos con salchicha saben bien en el albergue. Estamos mejor acá, libres, aunque no haya comida.

La libertad y la dignidad era lo último que pensaban abdicar quienes viajaban sin nada y dormían entre la basura.

A los dos minutos de que se marchara el muchacho de los tatuajes en la barbilla, vencido por mi Facebook, volvió el Güero, que se ocupaba en sus negocios enigmáticos. Repartió la cosecha de cacahuates con cáscara que cargaba en la parte delantera de su camisa doblada como la bolsa de un canguro.

—No me gusta contar las cosas feas, porque pues ya es difícil —empezó a decirme el Güero, tronando sus cacahuates—. Pero, fíjese, una vez veníamos bien cansados mi mujer y yo, caminando por la Baja, pero ya era de noche y no llegábamos. La migraña me estaba partiendo en dos el cráneo —el Güero aventó unas cáscaras y se llevó dos dedos a la frente donde la intensidad del recuerdo había surcado una línea vertical—. Así que nos acostamos en la orilla de un vertedero de basura. Y que nos despiertan en plena noche unos policías con sus linternas a preguntar qué sabíamos nosotros del muerto. Ni habíamos visto que teníamos a un muerto de almohada.

—¡Ay, Dios! —dijo la Güera—. Ya le vimos entonces los pies —extendió sus brazos al frente en V para imitar las piernas tiesas del cadáver.

—Y a convencerlos de que nosotros no sabíamos nada, que nos acostamos a oscuras. Es que sí se ven muchos muertos, ¿verdad, mi amor?

—Sí —dijo la Güera con los ojos entrecerrados—. Las cosas que deja ver Dios.

—Y la vez que cruzábamos el río por Corozal, apenas llegando al otro lado en la maleza estaba un cuerpo. Éramos varios y cada uno que pasaba se tropezaba con él. Ya saliendo a la carretera, apenitas después, nos encontramos con unos hombres de arma larga. Y había otros dos cuerpos ahí.

—Esa vez me puse a rezar el salmo noventa y dos —dijo la Güera.

—Nos fuimos para atrás en chinga —confirmó el Güero— con el salmo noventa y dos, nos escondimos y no nos pasó nada.

Nos quedamos un rato en silencio, en admiración ante la suerte, o ante el poder de Dios, o cada quien en su propio pensamiento.

—¿Sabes qué deberías hacer, güera? —retomó el Güero con su amplia sonrisa dorada—. Irte en la Bestia, para que veas todo lo que sucede. Una vez nos acompañó un periodista gringo que venía tomando video y lo iba a vender. Se hizo una muy buena lana, más de lo que ganas tú en un mes —me aseguró.

—Pero yo no soy periodista y no tengo cámara —protesté. Les había explicado que era una "escritora de libros" para diferenciarme de los escritores en periódicos. A todos los que se acercaban a preguntar si yo era periodista, una categoría con la que estaban acostumbrados a lidiar, los güeros contestaban que no, que yo era escritora. Pero lo hacían más para darme gusto. A veces se les escapaba que yo era una "periodista escritora".

También me ayudaban a explicar por qué no tenía hijos. Yo solo había dicho que no lo deseaba. Pero si alguien preguntaba por mi familia y yo me encogía de hombros, la Güera respondía "No puede" inclinando un poco la cabeza en señal de empatía.

El Güero estaba animado con su idea de la Bestia.

—Pues te consigues una cámara y te vas entrevistando a la gente. Rebonito te va a salir y vas a ganar mucho dinero —insistió él—. ¿O no, mi amor?

—Sí… —dijo ella pensativamente—. Se conoce el paisaje, y es muy bonito, y la gente que ayuda. Se ven muchas cosas. Pero la vez que se descarriló estuvo bien feo. Esa vez que se murieron setenta y cuatro personas. Quedamos bajo de los carros nosotros, nos salvamos.

—¿Iban en ese tren? —pregunté como si supiera perfectamente de qué descarrilamiento histórico me estaban hablando.

—Sí —dijo ella.

—Sí —dijo también él.

Me parecía increíble que fueran sobrevivientes de tantas cosas. El Güero me había contado también de una vez que quiso cruzar el río Bravo en territorio zeta y lo descubrieron unos integrantes del cártel. Como no tenía con qué pagarles y lo iban a matar, se arrojó a la corriente y se hundió hacia el fondo lo más que pudo, mientras las balas le pasaban junto como palomitas en el agua. Salió a la superficie más adelante.

Pero tampoco era improbable lo que me contaban puesto que llevaban años en los caminos intentando el retorno a casa, sorteando una cantidad ingente de peligros, como unos Ulises de los tiempos modernos. De día y de noche, solos o en grupo, en tren, en tráiler, a pie y hasta en lancha, buscaban incansablemente nuevas rutas, más seguras o más eficientes. Cuando los atrapaban los echaban para atrás, haciéndoles perder el terreno ganado. Los ingresaban esposados de pies y de manos a los aviones o a los simples autobuses que pagaban los gobiernos para devolverlos a una tierra que algunos ni siquiera conocían por haberla dejado en la infancia, como el Güero que llegó a los Estados Unidos a los seis años o la Güera que llegó a los doce. A veces una bruja

Circe del siglo xxi los encerraba en una estación migratoria, o un Polifemo los secuestraba y amenazaba con matarlos. Pero contrariamente a Ulises, el viaje de esta gente no termina nunca porque no tienen hogar ni en Estados Unidos, donde su casa ya no es su casa y no tienen el permiso de volver a habitarla, ni en sus países de origen donde tampoco hay vida para ellos.

5

La Güera aguantaba varias horas al hilo semirrecostada sobre la misma piedra. No como los demás, que cambiábamos de roca cuando sentíamos que se nos habían aplanado las nalgas, cuando nos dolía algún hueso de la espalda, o simplemente nos poníamos de pie sin razón precisa, movidos por los resortes de una vaga inquietud. Recostada como una diosa antigua de barro cocido, la Güera era un tótem de la pasividad y la espera. Pero un rayo de luz entre sus párpados entrecerrados indicaba que estaba alerta y que no se perdía de ningún movimiento.

—Quiero llegar a mi casa y abrazarlas. Luego ir a mi cuarto para estar sola con mi Dios, rezarle y agradecerle —me decía, refiriéndose a sus hijas y a su casa en los Estados Unidos.

Sentí en ese momento que si entrecerraba los párpados era para sacar de su panorama los horrores y las injusticias y enfocarse en una única meta: cruzar todos los obstáculos hasta volver a los Estados Unidos, donde la esperaban. No las había visto desde que cumplieron quince y ahora la más grande iba a la universidad.

El Güero había sentado al Hombre de la Tierra con la pierna estirada y le daba una buena sobada en la rodilla hinchada. Aunque el herido ponía cara de dolor, se le notaba la gratitud.

De las calles polvosas de Tecún Umán, a espaldas nuestras, surgió un gordito de bermudas a cuadros. Trepó la barrera de piedras que separaban la calle de la playa, exactamente como yo lo había hecho unas horas atrás, y se colocó frente a nosotros con una botella de tres litros de refresco de manzana. Nos entregó una bolsa de plástico a cada uno e hizo circular unos popotes. Cuando me tocó agarrar el mío algo salió mal y se me fueron de las manos los tubitos de plástico. Nos aventamos el Muchacho y yo a su rescate, pero únicamente levantamos los que estaban más a la mano y en número suficiente para los presentes. Dejamos los demás popotes tirados entre la basura. Una vez que estuvimos todos equipados con nuestra bolsa y popote, el dueño del refresco nos sirvió la bebida. Estábamos en posesión de los elementos más satanizados de la sociedad biempensante: el popote, el refresco y la bolsa de plástico, que para entonces ya se había prohibido en las ciudades de México. Bajo el sol de las doce del día, oficiábamos una misa al revés, una especie de *sabbat* de la chatarra.

Le dimos unos sorbos felices a nuestras bebidas. *A donde fueres haz lo que vieres,* era mi lema y me venía muy bien en estos momentos. Pasaba un migrante, con unas bermudas rosas y sus tenis al hombro.

—¿A cuánto nos dejas el *short*? —preguntó el Gordito que nos dio el refresco. Nosotros nos reímos, como si ahora que habíamos aceptado su dádiva debíamos rendirle pleitesía.

El Hombre de la Tierra, con su masaje terminado y su bebida en mano, le preguntó al Gordito:

—*Where are you from?*

—De aquí, bróder.

—No —repuso—, entiéndeme. *Where are you from?*

El diálogo de sordos desembocó rápidamente en una demostración de fuerzas.

—Véngase para acá —le ordenó el Gordito en cuanto se hartó.

El Hombre de la Tierra se acercó tambaleante, tan aferrado a su botella de caña como a su refresco. El Gordito le pidió que se quitara la camisa y le dio a escoger entre un golpe de puño o uno de palma abierta. Entretanto, la Güera me sopló en voz baja que ese niñote gordo de las bermudas a cuadros era el hijo de un narco local.

El Hombre de la Tierra y el gordito, sentados el uno frente al otro, se miraron a los ojos alrededor de un minuto. Luego, el hijo del narco le soltó una fuerte palmada sobre el pecho que casi lo tumba. Dieron así por terminada la demostración de quien mandaba.

—A mi padre no le gusta que ande por aquí —me dijo el Gordito mientras me servía la segunda ronda de refresco—. Míralo, me está viendo desde mi casa.

Señaló en la calle de atrás una construcción de tres pisos, con una terraza en el segundo, desde donde nos miraba un hombre. Lo tapaba casi por completo el follaje de las macetas. Se escuchó un chiflido.

—Ahora vengo —anunció el chico, y se fue para su casa.

A los pocos minutos volvió a salir a la calle por el portón y se subió a la *pick-up* negra estacionada enfrente. Pero no arrancó. La Güera le decía algo al oído a su esposo.

—Ándale, dile —le pidió.

El Güero echó a andar hacia el carro.

—¿Qué onda? —le pregunté a la Güera—. ¿Todo bien?

—Le dije que me busque un trabajo de limpieza con el papá —me explicó la Güera—. Esos tienen mucho dinero. Así le ayudo al Güero.

A nuestras espaldas, el hijo del narco y el Güero se pusieron a platicar, uno sentado en la *pick-up* y el otro abajo, pidiendo el favor.

6

De los albergues se hablaba pestes. Un hombre de zapatos de vestir cubierto de una fina capa de polvo, con cinturón de cuero y camisa bien fajada, me aseguró que la ropa que llegaba por donación a la casa del migrante de Tecún Umán se revendía en las calles del centro. Un chavo se animó a contar que en ese albergue desaparecían a la gente, la vendían a los cárteles de la droga.

La mayoría lo creyó perfectamente posible. Estaban de acuerdo con que los directores de los albergues se embolsaban una buena parte del dinero del gobierno o los organismos internacionales. El Hombre de la Tierra contó que al padre de un albergue en Guatemala, más al sur, le gustaba pagar la fiesta y todos los viernes metía músicos y alcohol, e incluso invitados personales.

—¡Cómo crees! No puede ser —exclamé.

—De veras, güera, y si quieres dormir no te dejan. En eso se gasta el dinero.

Me volteé hacia la Güera para que lo desmintiera. Ella se rio.

—Yo estuve ahí, es verdad —me dijo—. Quién sabe qué tiene ese padre, se alejó de Dios —añadió arrastrando la "s" y entrecerrando los ojos.

—¿A cuánto me vendes tu gorra? —le preguntó el Hombre de la Tierra a otro muchacho que pasaba y que nos devolvió el saludo con una gran sonrisa.

Los migrantes sabían que el dinero circulaba sobre sus cabezas y que muy pocas veces llegaba a sus manos. Una parte de la ayuda internacional se la apropiaban los gobiernos y luego cada eslabón de la cadena de apoyo y auxilio se quedaba con su ración del pastel. En cuanto al presupuesto nacional, se inyectaba en la construcción y mantenimientos de los centros de detención, en los sueldos de los agentes migratorios, en las armas, en los juicios y las deportaciones, y hasta en las bardas y los muros. Esta gente mal alimentada que se movía entre la basura sostenía toda una economía paralela.

Quienes dormían y comían en el albergue solo aparecían por la noche y por la mañana, en las horas que los dejaban salir para la compra. El resto del tiempo permanecían tras las puertas cerradas. Aunque los de la playa argumentaban que preferían la libertad de movimiento a una alimentación de tres tiempos, la verdad era que muchos ya habían descansado ahí las tres noches permitidas, después de las cuales se supone que deben seguir su camino y dejar lugar a los siguientes. Pero las cosas estaban tan calientes en México que se demoraban en los alrededores, esperando un momento propicio para continuar hacia el norte. La llegada de la caravana, por ejemplo.

Sobre las piedras todos conocían los albergues, todos conocían México y Estados Unidos, todos estaban por intentar llegar al norte por una segunda, tercera o décima vez. Tan poca utilidad tenía deportarlos como empujar con una escoba el agua que entra bajo la puerta durante un aguacero. Hasta el Muchacho de dieciséis había llegado a la frontera con la Unión Americana, pero de ahí lo habían echado para atrás.

—Nada más tocar la terminal de San Pedro, ni fui a mi casa, que empiezo a caminar de vuelta, perro —dijo con firmeza.

—A mí me llevaron a Oaxaca, perro —contó otro muchacho—. Hace unas semanas, cuando detuvieron a la caravana en México, nos llevaron presos para allá. Pero lo mismo: ni una noche pasé en San Pedro, me compré luego un pasaje para acá.

—¿Estuviste en Ixtepec? —pregunté.

—Sí, güera. Pero apenas unos días, porque luego nos mandaron de vuelta.

—El otro día —nos empezó a contar el Güero—, estábamos en el albergue, ¿verdad, mi amor? Que viene el guardia chaparrito, el de la gorra. Era ya noche y que me alumbra con la linterna y que me dice que no puedo orinar en el patio. Le puse un zape y me salté la barda para afuera. Lo tumbé de un golpe, no supo ni qué. No me acerco al albergue porque sé que ese me anda buscando.

Nos reímos. La Güera agitó la cabeza para significar que qué tremendo es el Güero.

Se acercó una familia al río, dos adultos y cuatro niños. Mandamos a uno de los muchachos a preguntar si venían con la caravana.

—A la mejor se adelantaron, y los demás vendrán cerca —opinó la Güera, otra vez soñadora.

Los niños se metían al río como si no hubieran visto agua en mucho tiempo, con gritos felices. Los adultos se quitaban el polvo, el cansancio y el calor, y se veían contentos también.

—Que sí se adelantaron —nos informó el muchacho a la vuelta—, que la caravana viene detrás.

7

—¡Qué va a ser esta gente del diablo! Si todos compran en mi tienda —declaró la señora de la casa más cercana, que nos vendía la entrada al baño a dos quetzales y la enchufada del teléfono a cinco.

—Así la llaman —contestaba la Güera muy tranquila— porque vienen bien enojados. Con machetes y palos. Es la caravana "del diablo", así la llaman.

—¿No era más bien la caravana "de la esperanza"? —repuso la doña.

—Ya no —dijo la Güera.

—No, no les creo —se defendió la doña—. Esta gente es de bien. ¡Vienen a comprar! Si fueran malos llegaran y agarraran por la fuerza.

Con un rápido movimiento de cintura, la doña arrojó una piedra a un perro que se había acercado demasiado. Falló por unos centímetros, pero el perro salió despavorido.

La doña recogió su piedra y la volvió esconder en su delantal.

—Mis perros están bien amarrados, no como mis vecinos cochinos que los dejan venir a joder.

Cuando iba al baño por dos quetzales a su casa, en efecto, veía a sus cuatro perros encadenados a un poste de madera en el centro de la estancia principal. Una veintena de guajolotes —adultos y polluelos despeinados— merodeaban sin acercarse a los canes, picando el grano o la basura que encontraban sobre el suelo. Esquivaban a los niños que jugaban sobre la tierra y a los adultos despatarrados en unas sillas Acapulco, quienes miraban de reojo una tele encendida.

—Pues ya va a llegar la caravana y ya la veremos si es "del diablo" —dijo la Güera.

8

—Que no va a llegar para acá, que torcieron para Malacatán.

—¿Por qué hicieron eso?

—Les dijeron que por aquí estaba demasiado difícil.

—Unos entraron por la mañana. Y me dijeron que sí vienen para acá.

—Pues se están tardando.

—Pobres, vienen con niños, ya han de venir muy cansados. Pobre gente de Dios.

—El padre tiene información de que faltan como dos días.

—¿Por dónde dices que los viste, mi amor?

—Allá pasando Cocoles. Dentro del autobús gritaron que ahí estaba la caravana y nos levantamos para verlos.

—¿Y cuántos venían, señora?

—Unos ochocientos o unos mil.

—Van a llegar al otro albergue, no al de aquí. Porque ya les dijeron que están desapareciendo gente.

—¿Los del albergue?

—Sí, los entregan. Hacen negocio.

—Entonces hay que ir a ver si ya llegaron al otro, ¿no?

—Van a venir para acá, van a ver. De que llegan al río llegan al río.

9

Por la calle de atrás apareció una banda de seis jóvenes con *jeans* agujerados y gorras negras. Intercambiaron unas palabras con el hijo del narco que estaba otra vez al volante de la *pick-up* estacionada y luego caminaron directo hacia nosotros. Treparon por las piedras. Mi desconfianza en duermevela se prendió como un gran fuego y el miedo rompió los diques que hasta ahora lo mantenían a raya. Pensé que esos tipos venían por mí. Lo vi todo en cámara lenta. Aquí mandaba el narco de la casa de atrás. El Güero estaba en el río jalando una balsa. Me sentí un ratón en una trampa.

Pero los muchachos solo se sentaron con nosotros en busca de compañía. Eran migrantes también, se pusieron a fumar.

—Ahora vengo —dije a la Güera.

Me quería reponer del susto y caminé un buen rato por la playa ardiente. Llegué al puerto y me metí en una cervecería. Cuando me trajeron la bebida fría, burbujeante, sentí que incurría en un lujo culpable. Entablé conversación con unos choferes de triciclo de la mesa de junto y al final me mudé con mi cerveza para sentarme con ellos. Al que de lejos me había parecido el más guapo se le juntaban montoncitos de sarro sobre los fierros que debían arreglarle los dientes. Traía consigo una toalla para manos azul con el banderín Hilfiger. Era para secarse el sudor en el triciclo, pero ya la había adaptado a sus demás necesidades. Se sonaba con ella, escupía en ella, limpiaba la cerveza derramada con ella y se la ponía de mantel, con los codos encima. El otro muchacho, mucho más joven y sin toalla, escupía directamente sobre el piso. Nos servíamos en vasitos las cervezas Gallo.

El tema de los migrantes no pegó.

—¿Esos qué? —me dijo el más joven—. ¡No importan!

Prefería contarme de su vida. Tenía veintiún años, dos hijos, y se llamaba Andy. En esta cantina, se usaban nombres propios. Su esposa se había herido los brazos y las piernas para acusarlo con el juez, y desde entonces tenía prohibido acercarse.

—¡La reputa! —gritaba con su voz aguda.

Las caguamas Gallo se acumulaban en el centro de la mesa y mandaron traer de otro bar unas alitas de pollo y unos pepinos. Luis, el de la toalla, me hizo saber que el chamaco era el hijo de la dueña de varios locales del puerto.

—Pero no le gusta irse a tomar en los bares de su madre —me explicó.

—Luego vamos, así te presentamos a las muchachas que atienden, por si tienes apuro, para que te ayuden —dijo Andy, y escupió cerveza al piso.

—¿Es hijo único? —pregunté a Luis cuando el muchacho se fue al baño. Me parecía que actuaba de varoncito tirano.

—Qué va a ser. Es el más chico de como diez. Todos de diferente padre.

—Sabes —me dijo Andy al volver—, me caes bien. Me gustaría verte trabajando con nosotros en uno de los bares. Quedarías bien de cajera.

Chocamos vasos los tres.

Luis se fue a escoger canciones en la rocola. Andy quiso contarme más a detalle cómo se había divorciado, nada más porque "le caía bien" y porque aparentemente lo tenía furioso. Gesticulaba un montón. Sus brazos eran largos, blancos y muy correosos. Primero me explicó cómo se cocinaba el *crack*.

—Le ponemos saborizante de helado: de fresa, de mora o de uva —me empezó a explicar—. Así nos lo piden, por sabor. Nos queda rebueno.

Una noche en que Andy estaba cocinando en el local del patrón, le llamaron para decirle que su mujer se había ido a la disco.

—Con una prima suya, una que es reputa. ¡Y yo trabajando como pendejo! Que me enojo —escupió un trago de cerveza al piso antes de continuar—. Yo le di permiso a la cabrona de irse a dormir a casa de su madre con los niños. Me dio un pinche coraje. Así que me fui a buscarla. La tiré a patadas en la calle. La puta. Yo trabajando. Sí le di duro, pero se lo buscó. Su madre empezó a decir que mi esposa estaba embarazada y perdió al niño esa noche. Mentiras. Esos moretones que le enseñó al juez no fui yo. Yo solo le di patadas porque estaba bien enojado. Y estaba puesto, ¡pues sí! Y ahora no me dejan ver a mis hijos, ¡la puta!

Andy tenía unas manos sorprendentemente grandes. Acto seguido me contó cómo golpeó al pendejo que movió su triciclo.

—Yo había llegado temprano y me puse primerito en la fila. Me fui por algo y cuando vuelvo este pendejo había movido mi triciclo hacia atrás. Y que me enojo y casi lo hago picadillo.

Brindamos. Vi que andaba descalzo y le faltaban dedos en un pie. Tenía que ver con los balazos que le tiró uno de sus hermanos.

—El güey había llegado al bar de mi mamá con dos culos. Bien guapotas. Al rato yo me llevé a una. Cuando salí de mi cuarto al día siguiente ahí estaba con la pistola, ¡y pam pam!

—¿Y tu madre qué dijo?

—Que estaba mal. Pero el cabrón le dijo que no quería tirar de verdad y la convenció. ¡Pero si la vieja me hizo caso a mí! Brindamos.

—Me caes bien, me dice Andy.

10

Después de tomar nota de dónde estaba uno de los bares de la madre de mi nuevo amigo en Tecún Umán, "por si necesitaba algo", emprendí el camino de vuelta por la playa hacia las piedras donde estaba el grupito de los güeros. Prometí a Luis y a Andy que los buscaría sin falta en cuanto terminara "mi reportaje". Ya se ponía el sol y era mi última oportunidad para ver llegar a la caravana, antes de irme de regreso a Ciudad Hidalgo, del lado mexicano, y subirme al coche que dejé estacionado en una calle trasera.

A orilla del agua me topé con el Hombre de la Tierra. Pegó un brinco y se ruborizó al reconocerme. Cuando le pregunté si se sentía bien me respondió que no, que él había sido guerrillero en El Salvador. Que había matado. Se puso a lloriquear.

—Pero pensábamos que era lo correcto —dijo abriendo los brazos para dejar al descubierto su pecho, como si se ofreciera en sacrificio—. Güera, he hecho muchas cosas malas —continuó, y luego escondió su cara entre las manos, llorando.

Continué el camino hasta las piedras donde me recibieron con aclamaciones de alegría.

—Pensábamos que ya no volvías —me dijo la Güera.

Estaban comiendo unos bolillos con frijol que les habían regalado, pero no se me antojaron. Me propusieron quedarme la noche con ellos, porque la caravana podía llegar de madrugada, y acepté.

El Güero encendió un fuego sobre la playa y movimos las cosas hacia allá. Nos acompañaban dos hombres que yo no había visto durante el día. La Güera me llevó a bañar al río. Del lado mexicano también se preparaban para la noche, se veían luces y las linternas de los soldados. Las perreras con los faros encendidos se movían a lo largo de la línea como tanques de vigilancia. Las aguas negras del río, en cambio, no reflejaban ni la luna. Dudé en desvestirme porque me parecía que la noche estaba clara. Pero le copié a la Güera cuando la vi desnuda. El agua nos hizo la risa fácil. Había apenas medio metro de profundidad, pero aun así se sentía la fuerza de la corriente y permitía imaginar lo salvaje que serían las aguas crecidas en época de lluvias. Como era lógico, las caravanas se organizaban durante la estación seca, de octubre a abril, porque para migrar se necesitan caminos firmes, cielos despejados y ríos bajos.

Quisimos salir de nuestro baño justo cuando empezaron las barridas de luz sobre el río. La Guardia Nacional vigilaba su frontera al estilo gringo. Nos alumbraron en cuanto tratamos de ponernos de pie y tuvimos que arrojarnos de regreso al agua para esconder nuestros cuerpos. Les gritamos: ¡¡¡¡putoooooos!!!! Después de varios intentos de burlar las luces que volvían a intervalos irregulares, después de gritar "¡putos!" a voz en cuello dando manotazos sobre el agua y muertas de la risa, porque al amparo de la noche podíamos sacar nuestras naturalezas más infantiles, logramos agarrar un buen intervalo de sombra y nos vestimos a toda prisa. Nos alumbró de nuevo el haz potente de luz cuando ya caminábamos hacia el fuego donde nos esperaban unos plátanos cocidos en su cáscara y un nescafé.

Presumimos a los hombres que les habíamos gritado putos a los de la Guardia Nacional mexicana. La Güera se veía muy orgullosa y ellos nos hacían el favor de reírse. Pero aparentemente había prisa. El Muchacho y yo seguimos a los güeros hasta una miserable enramada, casi descubierta. Cargamos hacia allá unas bolsas de basura donde guardaban cobijas, suéteres y una colchoneta. Me pasaron una cobija que les habían regalado en México cuando iban en la caravana de octubre 2018 y me prestaron una sudadera, también donada. Quise ir a la tienda por agua, pero el Güero me dijo que de noche ya no, así que fue él.

Hacía un calor infernal, pero había que escoger entre perecer cocinado bajo la cobija o dejarse chupar la sangre por los zancudos. Después de un rato de revolcarme en una hamaca con grandes agujeros, de enredarme y desenredarme en la cobija, me di por vencida y me moví hacia la mesa de plástico donde platicaban el Muchacho y el Güero, uno sentado en una silla, el otro en una piedra.

—De mi banda éramos diecisiete, perro. Y luego quedamos solo cuatro —decía el Muchacho—. Los demás, todos muertos.

Había extendido su documentación sobre la mesa para que el Güero la examinara. Estaba la fotocopia de la solicitud de refugio en México, pero el Muchacho no quería terminar en manos del DIF por ser menor de edad. Él primero quería trabajar, aunque a la mejor quería estudiar también si llegaba a los Estados Unidos, lo cual fue desaconsejado por el Güero, convencido de que en la escuela no se aprende nada.

—No sirve de nada. Yo todo lo aprendí en la calle, desde los diez años —explicó con la superioridad moral que le daban su edad y su experiencia. Se había puesto unos *pants* rojos para dormir.

—Yo lo odiaba a mi viejo —decía el Muchacho—. Le pegaba a mi madre, perro, por eso lo odiaba. No lo quiero volver a ver en mi vida, perro.

El Güero venía de enterrar a su padre en El Salvador. Lo peor es que ya estaba en los Estados Unidos y tuvo que hacer marcha atrás. Pero al padre se le tiene que enterrar. Contaba el Güero que pagó tres días de música, comida y trago, porque a su viejo había que despedirlo en forma. En cambio, detestaba a su madre con quien había migrado de morro a los Estados Unidos. A los diez vivía mejor en la calle que con ella.

Antes de dormir, las confesiones se hacen más fáciles. El Güero dijo que lo llevaron a la cárcel por culpa de la droga y después de la cárcel empezó lo de la deportación.

—Había un tipo con quien vendía la droga, también la fumábamos, en foco. Él habrá tenido unos veinte años y yo ya diecisiete porque me mandaron a lo de menores. Esa noche creo que nos peleamos y yo cargaba siempre un cuchillo. Apenas cuando nos amanecimos uno junto al otro me di cuenta de las cuchilladas que le metí. Había un chingo de sangre. El güey me costó cuatro años de cárcel y veintisiete mil dólares. Pinche cabrón.

El Güero tenía treinta y cinco años, y siete de sobriedad absoluta. Parecía al menos diez años mayor. Ahora era creyente. Lo había ayudado la Güera. Mantenían una relación de conveniencia, donde cada uno buscaba colmar una gran carencia. El Muchacho aún no comenzaba a drogarse. Ni lo planeaba.

El foco potente del centro de la enramada quedó encendido toda la noche. Bastante pronto comprendí por qué. Había que señalar nuestra presencia a los camiones que circulaban sin luces por la playa. Al amparo de la oscuridad el tráfico de mercancías se hacía más en grande. El Güero nos había dicho que se tenía que levantar entre las cuatro y cinco de la mañana para ayudar a pasar el pollo. El tráiler cruzó la playa en reversa y pasó rozando nuestra enramada. Su contorno estaba dibujado con lucecitas de colores, como de árbol de Navidad. También me despertó el paso de un camión de redilas y de unas cuantas camionetas sin luces que no supe qué traficaban.

11

Hubo que levantarse al despuntar el día. Apenas se distinguía la ribera opuesta sobre el agua azul plúmbeo. Los soldados aún blandían sus luces pero ya se veía el color de sus uniformes. A toda prisa, el Güero y la Güera metieron las cobijas y los suéteres en las bolsas de plástico.

—La gente se despierta muy temprano aquí —me dijo la Güera con una mueca de disgusto.

Como me tardé un poco en hilar cabos y bajarme de mi hamaca, se burló de mí el Muchacho:

—Ah qué la güera, parece que está en la playa disfrutando.

Nos reímos. Me echaban carrilla por estar ahí pasándola bien un rato entre migrantes.

—Ya tiene mucho para su aventura —añadió la Güera.

—Para escribir su libro —dijo también el Muchacho.

Los dejé lavándose los dientes y me fui a buscar algo para el desayuno. Aún estaba fresca la mañana. En el río se bañaban muchos con la ropa puesta, para lavarla. Algunos tendían sus camisetas y *shorts* mojados entre los árboles.

En el puerto me encontré con las señoras del atole, el pan y el nescafé, los triciclos estaban formados, los balseros cruzaban gente y algunos vehículos particulares esperaban con los motores encendidos. Pasé junto a un sedán con la cajuela repleta de las cajas amarillas del tequila Cuervo.

Volví con huevos, jitomate, cebolla y tortillas. Ahí donde habíamos cenado plátano y café, el fuego estaba de nuevo encendido. El Güero lo alimentaba con la basura de la que estábamos rodeados: cartones de leche, bolsas de plástico, envolturas de todo tipo. Ahora que era de día, noté que la parrilla era una tapa de ventilador ennegrecida de cochambre. Sobre esta ya se recalentaban los plátanos y unos tamales enanos envueltos en hoja de maíz requemada.

El Güero sacó un machete oxidado y se puso a cortar el jitomate en una esquina de la mesa de plástico cargada de desechos y podredumbre. Hundí la cebolla y el jitomate en medio litro de aceite en un cazo abollado y sin lavar. La sal estaba llena de mugre. Había muchos migrantes sobre las piedras, no muy lejos, que nos miraban. Propuse invitar al que tenía tatuajes de cruz en la barbilla pero el Güero negó con la cabeza. En cambio, una vez que nos comimos cada quien nuestro primer taco de huevo con doble tortilla, mandó al Muchacho por los tres pachecos que habían convivido con nosotros y se acercaron casi corriendo. La Güera me dijo que pensaban que el chico de los tatuajes era un pandillero.

A las ocho de la mañana, con el sol ya bien arriba, con la Güera en la misma posición que la encontré 24 horas antes y con grupitos de muchachos instalados sobre las piedras como parvadas de pájaros en una isla, parecía que todo estaba listo para comenzar un día idéntico al anterior, en espera de la caravana. Y así fue, la misma espera, las mismas promesas, la misma plática. Cuando fui al baño me encontré al Hombre de la Tierra comprando una botella de caña. Los chicos que habían huido del travesti el día anterior se sentaron esta vez con nosotros, eran hondureños y ninguno tenía más de veinte años.

A las doce me despedí con la mochila a la espalda y un gesto de la mano. Me fui sin decir mi nombre y sin conocer el de ellos. Así era mejor, supuse. Nos deseamos solamente suerte, a mí con mi libro, a ellos con su viaje a los Estados Unidos.

En el puerto, un predicador trajeado de negro con un micrófono de cable y un bafle daba lecciones del Apocalipsis a un público resignado de triciclos y balseros. Hablaba del virus chino y de Sodoma y Gomorra.

Los mexicanos y guatemaltecos se repartían por días el pasaje en balsa. Esa mañana tocaba a los guatemaltecos ocuparse del tráfico sobre el río y a los mexicanos solo estibar o descargar la mercancía al otro lado. Me embarqué con un balsero viejo y silencioso. Desde el centro del río, no logré distinguir al grupo de los güeros, estaban lejos. Pronto di la espalda a Tecún Umán, bautizada en honor al último guerrero quiché en caer ante los conquistadores españoles. Pensé en el coche rentado y en mi casa. Tenía que llamar a mi marido. Me acordé de la maleta abandonada en un hotel. Regresaban en marea ascendente los datos e informaciones personales de los que me había despojado durante treinta horas y me sumergió la tristeza.

Frente a mí crecía Ciudad Hidalgo, localidad que porta el nombre del cura de origen español que dio el Grito de Independencia de México. No lo hizo para devolver el país a los indígenas robados, sino para que los criollos pudiesen hacer sus negocios tranquilos. Ambos poblados, Tecún Umán y Ciudad Hidalgo, hablan de momentos históricos distantes: el lado guatemalteco, del pasado indígena derrotado; el lado mexicano, del triunfo de las élites blancas, liberales y ricas. En ambas orillas la realidad era también así, desfasada, porque los guatemaltecos son más pobres y los mexicanos más ricos. Pero quienes no son de ahí y solo van de paso, a duras penas se fijan en esas dos ciudades polvosas y sin chiste, porque van con la mirada volcada hacia el norte como la aguja imantada de la brújula.

LA CASA DE COLORES

Ciudad Juárez, marzo de 2022

1

Quien aterrice en ciudad Juárez deberá mostrar sus documentos en un filtro migratorio. Poco importa si baja de un vuelo doméstico proveniente de la Ciudad de México o de Guadalajara. Los agentes revisan con cuidado las identificaciones de cada pasajero, les pasan los dedos por encima, se demoran un instante.

—Quítese el cubrebocas, señora.

Escudriñan los rostros para constatar la similitud.

—Póngase el cubrebocas —ordenan luego.

Cerca de las bandas de entrega de equipaje se encuentra la oficina del Instituto Nacional de Migración. Al aproximarme, escucho la voz de una mujer con acento cubano. Pero un agente me corta el chisme.

—Dígame, señorita.

El hombre abomba tanto el pecho que doy un paso atrás.

—Buenos días, oficial. ¿A poco aterrizan en Juárez muchos ilegales? —le pregunto.

Me corrige:

—"Indocumentados", ya no se les dice "ilegales".

Me incomoda escucharlo de su boca. En la práctica, para él y sus colegas siguen siendo ilegales, pues los cazan, los privan de su libertad y los deportan.

—Claro, oficial, "indocumentados". ¿Y agarran a muchos en el aeropuerto?

—No los agarramos, los "rescatamos".

Ante mi sorpresa, el agente precisa:

—Así decimos ahora. Señorita, se exponen a la trata, a los narcotraficantes, a condiciones naturales extremas. Nosotros los rescatamos.

—¿De sí mismos?

—Es que no miden el peligro.

Yo no dudo del peligro. Cada vez hay más cadáveres de migrantes en los ríos, en los desiertos y en las cajas de tráileres abandonados. Más bien dudo ques sea el tipo de protección que necesitan. Como me ve escéptica, el agente añade:

—Estuve dos años en Tapachula, señorita. Les hacen cosas muy feas.

Nos aquilatamos con la mirada. Él trata de adivinar quién soy yo, a qué vienen mis preguntas. Yo quiero saber si él se traga esto que me dice o solo hace gala de un lenguaje políticamente correcto.

—Si eres periodista —retoma al fin— te puedo contar muchas historias de lo que vi allá. De cómo se exponen los migrantes. Y cómo trabajamos nosotros. Para que sepas.

Me tienta su invitación. Quizá podré zanjar qué tipo de hombre hay debajo del uniforme y de ese lenguaje diseñado para maquillar las verdades. Pero de reojo veo que la gente empieza dirigirse a la puerta con sus maletas y corro a rescatar mis pertenencias.

2

A finales del siglo pasado, Arturo, el chofer de mi Uber, subió desde Oaxaca hasta Juárez, cruzó a nado el río Bravo y vivió veinte años de mojado entre Texas y Nuevo México.

—¿Pero por qué volviste si ya estabas allá?

—Es que un amigo retomó un restaurante y me invitó.

Me da los pormenores del asunto con enorme tranquilidad, la información viene en un flujo de palabras pausado, sin prisas, muy parecido a como conduce su auto. Me entero así, mientras observo el paisaje semiindustrial y desolado que desfila por la ventana, que mataron al dueño de aquel restaurante y por eso estuvo cerrado por varios años. En realidad, mataron a muchos dueños de muchos restaurantes. Durante lo peor de la "guerra contra el narcotráfico" no era un buen momento para tener negocios como esos. Ni bares ni cabarets. Ni ninguno, en realidad.

—¿Y ya no está tan feo?

—Ya no. Pero la fama se queda.

A ambos lados de la carretera hay muros derruidos y terrenos abandonados llenos de cascajo y hierbas crecidas. Juárez fue la ciudad más peligrosa del mundo hace no tanto tiempo. Extorsiones, secuestros, ejecuciones e incendios de negocios fueron el pan de cada día. Pan de ese hubo para desayunar, comer y cenar. Algunos dicen que entre 2008 y 2010 hubo hasta 22 700 muertes violentas en la ciudad, otros manejan un número más próximo a diez mil. Aunque un poco más pacífica que antes, Juárez sigue siendo un lugar de riesgo donde conviene moverse con cuidado.

Arturo intercala en su relato los nombres de las bandas que dominan las colonias que cruzamos, a nuestra derecha estos, a nuestra izquierda aquellos, haciéndole de guía de turista del horror.

—¿Y qué tal el restaurante?

—Pues difícil, no levanta, y peor con la pandemia. Falta mucho para que la gente se acostumbre de nuevo a la vida. Por eso aquí me tienes con el Uber.

—¿No te quieres regresar al otro lado?

—Es que ya me traje a mi mujer y a mis hijos.

Por su titubeo sospecho que no es la única razón. Tras una deliberación interna que escucho como un minuto de silencio, decide contarme:

—Además, estoy castigado. Tengo que esperar unos años.

—¿Cómo que castigado?

—Es que hice un servicio a El Paso y me detuvo la policía. Era una cliente mexicana de allá. Veníamos del aeropuerto. Por las maletas, los gabachos se dieron cuenta de que yo era taxi. Además la señora insistió en sentarse atrás, no a mi lado. Y pues yo no tenía permiso de trabajar en el gringo.

—¿Y entonces? —le pregunto.

—Pues nada, a esperar. Fue hace dos años, me falta tiempo. Luego me voy para allá otra vez.

—Arturo, ¿es verdad que ahorita no se puede cruzar ni con visa?, ¿por lo del covid? O sea: ¿es muy estricto?

—Sí, es verdad. Solo pueden ir al gabacho los que trabajan allá. Nadie más. Ni para ver a las familias. Ni para comprar. Nada.

—¿Los gringos tampoco vienen?

—Nombre, ellos sí. Ellos hacen lo que quieren. Vienen y van a cualquier hora. Nadie les dice nada.

Así que los gringos cruzaban a México libremente, con virus o sin virus, pero los mexicanos no podían pasar a los Estados Unidos, ni con visa ni con sus papeles de residentes fronterizos. No vayan a traer el virus ellos.

—¿No da coraje? —pregunto, haciendo coraje yo misma.

La respuesta de Arturo se resume a una ceja alzada que miro por el retrovisor y luego la vista clavada sobre la carretera.

3

Anochece. Desde mi ventana del hotel veo las luces que se encienden, desiguales, en los barrios de Juárez. También alcanzo a ver las colinas de El Paso, en los Estados Unidos, con luces simétricas y potentes. Un río y un muro separan estas dos ciudades que forman una misma mancha urbana. De un lado luce desarreglada, del otro, riquísima.

Aquí, en la ribera pobre, los migrantes han sido condenados a la espera. La pandemia trajo consigo, dentro de su baúl de males, el cierre de los caminos. Si la esencia del acto migratorio es el desplazamiento, la de la cuarentena es la parálisis, la pausa forzada.

Para el control migratorio de los Estados Unidos, el covid-19 fue maná caído del cielo. Nuestros vecinos cerraron su frontera unilateralmente, lo cual constituye su sueño dorado, y deportaron *en caliente*, o sea: en el acto, a quienes lograban cruzarla de manera clandestina. Detuvieron los procesos migratorios en curso en los juzgados y cancelaron las solicitudes de refugio a causa de la emergencia sanitaria. Los migrantes en tránsito hacia ese país se quedaron varados en ciudades mexicanas violentas y mal organizadas. Los meses se hicieron años.

En Ciudad Juárez, frontera con Texas, la espera es aún más cruel porque casi desde cualquier punto del valle que desciende hacia el río Bravo se avistan los montes, las calles, las casas y los edificios del país más poderoso del mundo. Allá, hasta los autos que encienden sus faros para horadar el manto gris de esta noche que inicia, se miran más lozanos y felices.

He prometido a mis conocidos que no tomaré riesgos en la ciudad donde matan mujeres. Juárez suena a feminicidio, a desaparición sistemática de mujeres, a cuerpos violentados y desechados como basura en el desierto. Pero una vez en mi destino, el miedo se diluye a gran velocidad, igual que mis promesas de prudencia. Las ciudades asustan cuando se miran desde lejos, en los mapas o a través de la nota roja. Pero una vez adentro, se parecen a las demás.

Me alejo de la ventana, saco de la maleta el libro *Huesos en el desierto*, de Sergio González Rodríguez y me aviento sobre el colchón, que rebota deliciosamente.

4

Maraleya contesta cuando ya me estoy resignando a desayunar en el hotel. Leo en el WhatsApp:

—Bajo ahora mismo.

—¡Espera! —le contesto espantada—. ¡Aún no estoy ahí! Paso por ti en veinte minutos.

Mi mensaje sale con errores de dedo porque con la mano derecha ya estoy pescando mi gorra en un cajón, mientras que con la otra rebusco un poco de dinero. Un botones ha venido a reprogramar dos veces la caja de seguridad, en vano. Dejo parte de mis viáticos escondidos en una bola de calcetines y salgo disparada a la cita.

Tomo uno de los buses atiborrados que pasan por la avenida Triunfo de la República y terminan su recorrido en el centro de la ciudad, a unas cuadras de la Casa de Colores. El viento sopla y es frío, un recordatorio de que estamos al norte de nuestro país falsamente tropical y que hace un mes, en febrero de 2020, el termómetro bajó a -13 °C.

Hay ojos en la franja de rostro visible entre el cubrebocas y el gorro de lana. Pero los pasajeros se apretujan sin mirarse, como en cualquier ciudad que supera el millón de habitantes. Paso el trayecto tratando de adivinar quién entre los pasajeros es obrero de maquila, cuál madre de niña asesinada, cuál revendedor de droga, cuál migrante.

Veinte minutos más tarde me detengo ante la Casa de Colores, un edificio descascarado de tres pisos, con los cristales cuarteados. Detrás de una primera puerta de barrotes con pintura color crema pelada, hay una de vidrio colocada al revés donde se descifra en rotulado rojo y en reversa el viejo nombre de "Hotel Omar".

Tras esas puertas aparece una joven de ombliguera, mallones y tenis color rosa, quien me saluda con un brusco hola. En vez de salir de una buena vez, me pide que la siga escaleras arriba.

—Solo me tengo que vestir y ya salimos —anuncia.

Sube a paso redoblado y acelero el ritmo detrás de ella. Pasamos veloces por el primer rellano sin hacer caso a la pistola para medir la temperatura, al gel sanitizante y a la bitácora de visitas.

Por dentro el edificio se encuentra igual de derruido y desconchado que su fachada exterior. Las paredes están sucias por el paso de manos, dedos y pelos, por los rayones que dejan los muebles, por las iniciales y los mensajitos consignados con plumón. Muestran, además, la inquietante geografía de la humedad. No solo se mira, se huele. Algunos focos parpadean, o no sirven. Distingo siluetas en movimiento por los pasillos penumbrosos. Se abren y cierran las puertas de los cuartos del viejo hotel.

En el tercer y último piso entramos a una habitación ocupada por dos chicas que interrumpen su charla. Cada una está sentada sobre una cama tendida y recargada contra la pared. Mara me presenta sucintamente como la amiga de Alfredo, me asigna un sillón con un gesto enérgico y desaparece. El mueble está recubierto con una cobija de poliéster azul, incómoda y caliente. Recibo en mis piernas a una cachorra de labrador con las pezuñas barnizadas de colores.

—¿Cómo se llama la perrita? —mi voz corta el silencio como una pedrada.

—Trixxa —me informa Taxxa, la más robusta de las dos chicas.

Debajo de las camas asoman maletas abiertas con ropa. La única mesa de la habitación desaparece bajo enormes bolsas de cosméticos, cepillos, algodones. El sitio está aseado, la apariencia de desorden se debe sobre todo a la falta de clósets. En el cesto de la basura veo kleenex con restos de base de maquillaje café.

Sigo preguntando por la perra.

—¿Es salvadoreña?

—¡No! Es juarense —exclama Danaé, lo otra chica.

Después de su *ex abrupto* se tapa la boca con una mano y ríe.

—Era la mascota de unas compañeras que ya cruzaron —me explica Taxxa—. No pudo ingresar a los Estados Unidos porque pedían certificados. Y yo, que fui a despedirlas, me regresé con ella.

Hay gran calma en su entonación, incluso dulzura. Su voz me parece capaz de reparar cualquier daño infligido por una palabra malvada. De hecho, ya ha reparado el aire de la habitación, respiro mejor.

—¿Y qué pasará con Trixxa cuando cruces tú?

—Se quedará a ver con quién.

Taxxa no parece dar mayor importancia al destino de la perra. Como todos los migrantes, establece pocas relaciones duraderas en el tránsito de un país a otro. Un día están juntos, al otro día el compañero o la compañera cruzó y no vuelve a dar noticias.

Entretanto, Maraleya entra y sale de la habitación modelando blusas. Taxxa aprueba o descarta con una mueca. Después de mucho dudar, Maraleya elige una camisa rosa con un moño enorme sobre el pecho. Ahora empieza a cepillarse el cabello ante un pequeño espejo de pared. Lo tiene largo y lacio. Admiro su rostro liso de mujer joven, levemente apiñonado, con la nariz chata. Luego de unos minutos de cepillado, desaparece detrás de la cortina de plástico que separa el baño. Se escucha el sonido dulce del agua de un tambo.

La pared está cubierta de piso a techo con bolsas de mano y pelucas que penden de clavos. En uno de los muros alguien dibujó las banderas de El Salvador y los Estados Unidos y las coloreó con plumón. Por lo menos diez pares de zapatos de tacón están acomodados sobre el cortinero. Tardo en darme cuenta de que en esta intimidad femenina faltan las cajas de tampones y toallas íntimas.

La cachorra me abandona a pesar de mis mimos para seguir a una persona que cruza por el pasillo. Danaé se pone en pie, realiza una pequeña reverencia, vuelve a esconder su risa con la mano y se eclipsa. Asoman cabezas por la puerta abierta, echan una mirada dentro de la habitación y siguen su camino.

Maraleya se sienta sobre la tercera cama y se aplica crema en los brazos, el cuello y la cara. Taxxa se despereza y coloca una peluca sobre una cabeza de maniquí. Pasa los dedos entre los mechones de cabello falso para evaluar sus necesidades. Inicia el trabajo con una plancha para pelo.

—Ni en México ni en los Estados Unidos saben peinar pelucas —me asegura.

Sueña con abrir allá una tienda en línea para vender pelucas de segunda mano, peinadas y listas para dar batalla por una noche más.

Una mano con uñas falsas de diamantitos se aferra a la chambrana de la puerta. Aparece una mujer mayor, bien entrada en sus cuarenta. Contrariamente a las demás inquilinas, que huyen en cuanto me ven, esta señora pide aclaraciones. Maraleya suspira antes de explicar que soy una periodista amiga de Alfredo que viene a hacerle una entrevista. La mujer me regala una sonrisa con un incisivo manchado de labial y le da permiso a Mara de ausentarse conmigo. Advierte a Taxxa que la actividad con la psicóloga es obligatoria.

—En media hora llega —dice la mujer antes de continuar su ronda por las habitaciones del hotel.

—Me aburre, pero está bien —comenta Taxxa cuando nos han dejado solas.

—¿Cómo es eso?

—Hay que sentarse en círculo y decir cómo nos sentimos.

—Una tontería —bufa Maraleya.

—Era peor en casa de Turquesa —le reprocha Taxxa.

Maraleya alza los hombros y huye de nuevo por el pasillo, no sin antes prometerme que ahora sí ya nos vamos. Sus tubos de crema quedan desperdigados sobre la cama.

—¿Cómo era en lo de Turquesa? —pregunto.

Alfredo Limas, mi contacto en Ciudad Juárez, me ha dado una breve introducción al tema del albergue donde se conocieron las chicas que ahora habitan el viejo hotel, pero la historia no queda clara. Hay muchas versiones de lo sucedido.

—Solo le interesaba el dinero —dice Taxxa— Nos pidió cincuenta dólares a cada una desde que estábamos en Tapachula, nos mandó fotos de un techo que iba a reparar. Le tuvimos confianza porque unas compañeras cruzaron gracias a ella, pero no reparó el techo. Luego ella se dio cuenta de que a algunas les llegaban sus remesas, así que empezó a cobrarnos renta.

Mientras habla, Taxxa forma bucles sobre la peluca con unas pinzas calientes.

—Me entiendes —retoma, y detiene su labor un momento para dar peso a sus palabras—; las que no tenían recursos tuvieron que hacer trabajo sexual.

Ahora prueba con la palma de su mano la elasticidad de resorte de un par de mechones y luego añade:

—Con hombres que no nos gustaban.

La cachorra, cansada de sus correrías, termina por echarse a dormir junto a su dueña temporal. Yo también deseo colocar la cabeza sobre una de las piernas gruesas de Taxxa. Su voz sosegada, grave y envolvente acompaña el peinado laborioso de la peluca, la siesta de la cachorra y mi espera en el ojo inmóvil del huracán de preparaciones que lleva a cabo Maraleya. Ha vuelto con un pantalón diferente y se aplica una nueva dosis de crema humectante. El aire está cargado de perfume.

Se asoma otra chica.

—Me la encuentro seguido a la Turquesa por la calle —nos informa desde la puerta, al comprender de qué hablamos— y le digo: ¿cómo estás, Fernando?

Ambas ríen. Mara, que no escucha, termina de peinarse ante el espejo. Se arregla el cabello con una diadema rosa del mismo tono que su camisa, le pide prestado un labial a Taxxa, escoge una bolsa entre las que están expuestas en la pared y al fin me anuncia que está lista.

—Me dicen que soy la más guapa —asegura con fiereza.

5

Una vez en la calle, Maraleya no quiere decirme qué lugar le gusta para desayunar. Su seguridad de joven leona ha desaparecido. "Donde usted quiera", repite, nerviosa. Mira hacia atrás con preocupación, como si temiera un acuchillamiento por la espalda. La encamino hacia un café que me recomendó Alfredo y ella se va tranquilizando, aun si se sobresalta cuando escucha un claxon. Ahora se demora en los puestos callejeros con accesorios para celulares. Hay decenas sobre nuestro camino. Maraleya necesita un protector para su aparato.

—Es que vendí el anterior para comprar el pasaje desde Tijuana —me explica.

—¿Estabas en Tijuana?

—Es que me secuestraron.

—¿En Tijuana?

Volvió a mirar tras su espalda.

—No, aquí. Me tienen amenazada, por eso salgo poco.

No me quiere decir más.

Para su modelo de celular ya pasado de moda, los marchantes solo cuentan con protectores básicos y negros, que ella rechaza tajantemente. Son demasiado varoniles, en su opinión. Ella desea colores bonitos.

—Ser mujer cuesta —comenta entre dientes—. Una no puede solo decir "soy mujer" y ya. Todo cuesta en la vida, pero esto más.

Un vendedor callejero nos indica que hallaremos mejor variedad de accesorios en una galería comercial cercana, a dos calles. En aquel espacio de piso de granito y olor a aire acondicionado descompuesto, las tiendas de ropa están cerradas. Solo operan las islas que venden helado, joyería metálica y accesorios para celular. Hallamos al fin un cobertor rosa, del mismo tono que la camisa y la diadema de Maraleya. Añadimos una mica a la compra. La dependienta limpia la pantalla muy concienzudamente, previo a instalarla. Cuando suena el teléfono. Maraleya casi se lo arranca.

—Necesito que usted me deposite mil quinientos pesos hoy mismo —espeta en la bocina—. Sí, yo lo quiero, bebé, pero deposíteme ya.

Devuelve el aparato con un puchero.

—Es un novio —me explica—. Pero no me compra nada. Me tiene harta.

—¿Dónde está?

—En los Estados Unidos.

—Migró.

—No, es de allá.

—Oh. ¿Lo conociste aquí?

—No, nunca lo he visto. Pero si quiere ser mi novio, que me dé dinero. Para eso son los novios. Verdad.

La dependienta se esmera con la mica. Mientras, Maraleya me muestra las extensiones de cabello que se puso en Tijuana. Las pagó un hombre bueno, el mismo que le regaló los senos.

—Me vio en la plaza y le gusté.

—¿Y lo querías?

—No, qué va. Era un *sugar.*

—¿De Tijuana?

—Vivía en los Estados Unidos y cruzaba para verme.

—¿Y qué más hacía?

—Me llevaba a restaurantes caros.

La Baja, según Mara, es más segura que Ciudad Juárez, y más divertida. Aquí tiene miedo.

—¿Entonces por qué volviste?

—Por lo del VIH.

—¿Qué tiene que ver?

—El tratamiento nos lo dan aquí.

Es poco probable que sus agresores la reconozcan, pues la última vez que la vieron se llamaba Irvin, portaba el cabello corto y vestía con bermudas. Maraleya saca billetes de su brasier, paga y mete el cambio de regreso, sin revisarlo.

—En Tijuana decidí transicionar —me informa antes de emprender la marcha hacia la calle, con el celular rosa en la mano. No vuelve a abrir la boca el resto del camino.

En el café pide un *smoothie* de piña y un sándwich de pan de grano. Yo un café con triple carga.

—La única fruta que tengo prohibida es la toronja, por el tratamiento. ¿Usted la conoce?

—Sí. Le decimos igual.

Nos instalamos en una mesa que ella escoge, al fondo del local. Aspira el contenido de su vaso con un popote azul.

—Todos los días consumo fruta y no tengo vicios. Solo un poco de mariguana.

—Eso es medicina —opino.

Siento que sus sonrisas no son francas. O sea: quiere sonreír pero no puede. La conversación avanza con dificultad. Estamos solas en el café de paredes verde pistache, rodeadas de plantas de plástico rojas y amarillas.

Cuando se ha comido la mitad de su sándwich, lo deja sobre el plato y pone dos papitas fritas encima. Para que no se mueva.

—Salí de mi casa con un par de guarachas, una calzonetilla, una camisa, fue tan triste —su voz vibra con una tristeza profunda y grave—. Dejar a mi mamá con aquel dolor de que me querían asesinar en mi país.

Al fin me está contando la historia de su migración, que es el pretexto con que la he buscado. Coloca otra papa frita sobre el sándwich.

—A mi madre le conté del VIH y ella aceptó que me fuera. Pero no me atreví con mi hermano, a decirle, porque él me amenazaba por ser quien soy.

Maraleya —en aquel entonces Irvin— sale al pie del Sonsonate pidiendo dinero por la calle. Su salida de El Salvador tiene muy poco de la búsqueda del sueño americano. Lo que me describe es un destierro.

—¿Quién te quería asesinar?

—Un hombre.

—Pero ¿por qué?

—Porque iba al bar de su pueblo, junto al mío.

En Guatemala su padre no la quiere ayudar. Tiene otra familia y el VIH le da mucho miedo. Ni siquiera acepta que duerma bajo su techo.

—Tengo más chances de pasar la frontera por mi enfermedad, eso dicen los abogados —declara Maraleya.

Mi interlocutora se come la otra mitad del sándwich, con cara de misión cumplida. Espero en vano más palabras. A partir de ese momento tengo que extraer la información como de una mina de sal.

—¿Estuviste en lo de Turquesa?

—Sí. Era mala.

—¿Por qué?

—Cuando llegué le dije de mi enfermedad y ella le contó a todo el mundo, a todos mis novios les decía que yo tenía el VIH. Para que se alejen de mí.

Maraleya ahora me deja de hacer caso y se toma *selfies*. Hace caras de éxtasis sexual.

—Soy muy famosa en Facebook —me dice al fin, después de postear algunas imágenes.

Me muestra su perfil. Son cientos de tomas de frente y tres cuartos con pucheros a la Daisy Donald y escotes atrevidos. Le pregunto qué tan difícil fue el itinerario hasta Juárez, y ella me habla de la depilación láser para rostro. Pregunto si tomó la Bestia, y ella me dice que en los USA venden bolsas divinas. Yo quiero saber si pagó coyote y Maraleya dice que va a trabajar muy duro.

Lej lejá, "camina hacia ti mismo", dijo Dios a Abraham cuando le ordenó dejar la tierra de sus padres e irse a Canaán. Así, Maraleya empezó a caminar hacia sí misma cuando abandonó su pueblo de origen. Era entonces un varón amenazado y enfermo, pero ahora se halla a las puertas de los Estados Unidos transformado en una mujer que venció al destino. Allá, en la tierra prometida, sería al fin ella.

Con el segundo *smoothie* de piña, logro ablandarla y sacarle un poco más de información. Ha estado dos veces en territorio gabacho, pero como prisionera en ambas ocasiones.

La primera vez se entregó a la Border Patrol como parte de una estrategia. Antes de la pandemia, eso funcionaba. Los gringos tomaron su caso de asilo y la mandaron a Otero mientras resolvían. Es una cárcel en Nuevo México donde concentran a las transgénero, en una sección especial.

—Pedí la deportación voluntaria.

—¿Por?

—Me tenían metida en el "hoyo", es una celda de castigo.

—¿Por?

—No aguanté.

—Pero ¿por qué ahí?

—No lo sé. Murió otra de nuestras amigas.

—¿Cómo?

—Yo estaba en la celda de ella.

—¿Pero estuviste con la que se murió?

—Sí.

—¿Qué les hacían?

—Nos traían con cadenas, en los pies, en las manos y en la cintura.

—¿Para ir al baño también?

—No, adentro no. Pero para ir con ellos.

—¿Quiénes ellos?

—Es que Trump era malo. Pero ya llegó uno más bueno.

—¿Te parece?

—Sí. Ya solo estoy esperando que abran esa frontera para pasar. Con la ayuda de Dios.

Acto seguido, me empieza a mostrar fotos de cuando era hombre.

—Ese era yo, así.

Emprendemos un estira y afloje entre su interés por mostrarme fotos y el mío por que termine de explicarme su recorrido.

—¿Cuánto tiempo estuviste en El Salvador cuando te deportaron?

—Tres días. Esta foto es de la segunda vez que estuve en Tapachula.

Veo un muchacho con bermudas y gorra en el estacionamiento de un supermercado. Está con otro chico vestido de *jeans*.

—Ella es Estefanía —me dice.

—Qué diferentes eran, pero muy guapos también —concedo.

En Tijuana, Mara paga diez mil pesos para cruzar con coyote. Se integra a un grupo de treinta personas, muchos con hijos pequeños. De noche, entre dos y tres de la madrugada, pasan de México a los Estados Unidos por un túnel.

—No, casi no nos hablamos con los del grupo.

—¿Por qué? ¿Porque sabían que no se volverían a ver?

—Verdad.

—¿Cómo?

—Ni los nombres nos dijimos.

—¿Se siente feo cruzar por un túnel tan estrecho?

—Verdad.

—¿Porque te puedes quedar atrapada?

—Verdad.

La camioneta que debía recogerlos del otro lado no llega, en su lugar los atrapa la migra. En tres horas ya los habían devuelto a México.

Nuevo gran silencio en la cafetería. A Maraleya no se le facilita la palabra, se ve exhausta por el esfuerzo que realiza por complacerme. Pero no tengo piedad, no sé si volveré a verla.

—¿Qué es lo que más extrañas de El Salvador?

—Mi mamá —declara de inmediato—. Y las pupusas.

—¡Me encantan las pupusas! —exclamo yo.

Yo solo las había probado en un pabellón dedicado a El Salvador dentro de una feria de libros. Como tengo más sensibilidad para las texturas que para los sabores, recuerdo solamente que mordí y mastiqué con un placer inmenso una masa de arroz tostada por fuera y suave por dentro, bastante parecida a la de las gorditas de México cuando están recién hechas.

—¡Le preparo unas! —exclama ella a su vez—. Venga por la tarde de hoy, yo voy por los ingredientes al S-Mart.

Una vez que acepto la invitación, Mara se rodea de murallas de silencio aún más difíciles de tumbar. Ahora que nuestra relación tiene un futuro, ya no siente la necesidad urgente de conquistarme con palabras. A mis apreciaciones contesta solamente: "Verdad".

—Voy a cruzar —me dice para gratificarme cuando pido la cuenta—. Gracias a mi enfermedad y porque ya tengo denuncias aquí.

—¿Por lo del secuestro?

—Verdad.

De camino a la Casa de Colores recibo un mensaje de Alfredo donde me informa que su amiga Taxxa está dispuesta a darme una entrevista también. Es una excelente casualidad, pues ya sé dónde está su guarida. Maraleya me abre la puerta del edificio y se despide. Tiene cosas que hacer. Le doy quinientos pesos para que compre los ingredientes de las pupusas y continúo, escaleras arriba.

6

La mujer autoritaria de uñas decoradas con diamantes falsos revisa la bitácora del filtro sanitario, en el primer rellano. Intento aplicarme gel, pero se interpone con el cuerpo.

—¿Cómo vas con tu reportaje?

Sonríe, su diente ya está limpio.

—Muy bien, aquí platicando con las chicas. Me invitó Mara por la tarde a comer unas pupusas…

La mujer sigue sonriendo. Intuyo que espera algo de mí.

—¿Eres la directora de esta casa? —pregunto.

Suspira dramáticamente.

—Así es. Soy Susana Coreas, me estoy volviendo loca.

—¿Mucho trabajo?

—Reportes y reportes. Está la jurisdicción de Salud, la Coespo, el IRC, la red de albergues.

Con las uñas produce un sonido seco mientras enumera. Cuando saco mi cuadernito para acomodar la información, Susana Coreas me pregunta si deseo fumar. La sigo por las escaleras hasta el techo. Hay cascajo y muretes derruidos.

La directora echa un vistazo rápido e inquisitivo. Dos chicas están sentadas a la sombra de un antiguo tinaco, pero ella hace como que no las ve. Tomo entre los dedos el largo cigarro mentolado que me ofrece.

Fumamos con los codos sobre la barda, con vista a los techos de Juárez y las colinas de El Paso.

En El Salvador, Susana fue gerente de una constructora. Trato de imaginarla con bigote y casco. A pesar de la gruesa capa de maquillaje con que lo ha recubierto, la luz que cae del cielo blanco revela los poros gruesos de su rostro.

Me entero cómo lideró la rebelión en el albergue de Turquesa, gracias a su computadora. Habla de su dispositivo electrónico como de las llaves del cielo. Casi ningún migrante viaja con un objeto tan poderoso en la mochila.

Susana y sus amigas encuentran por internet a los organismos internacionales pertinentes para denunciar los malos tratos y las extorsiones de Turquesa, además de la cuarentena obligatoria de varios meses, con el pretexto de la pandemia. Las oenegés las ayudan a salir de aquel agujero.

—Esto era un hotel de palomas, todo cagado. Limpiamos durante semanas, fue un trabajo muy muy duro. Rehabilitamos las tuberías, hicimos un cuarto de agua que baja directo de un tinaco.

Los migrantes ni fundan ni dirigen albergues, lo único que desean es cruzar. Su estancia es efímera, precaria, inestable, están listos para irse a la primera oportunidad. Pero las residentes de la Casa de Colores se dieron cuenta de que estaban varadas por la pandemia, quién sabe por cuánto tiempo, y lucharon por la autogestión.

—Una chica me ayuda con los reportes a mano, son un montón, y con estas uñas no logro escribir bien con pluma.

—¿En la computadora sí?

—Ahí sí.

Teclea en el aire para mostrarme.

—Y cuando tú cruces, ¿quién se quedará en tu lugar? —pregunto.

Una chica recién surgida de las escaleras bate en retirada al ver a la directora. Susana alza los hombros:

—No lo sé. No es asunto mío. Cuando me vaya no quiero volver a saber nada de aquí.

Tras decir esto, Susana recuerda que está ocupadísima. Apaga su cigarro sobre la barda y guarda la colilla en una cajita de metal. Pero no me invita a meter la mía. Bajamos casi corriendo. Yo me detengo ante la habitación que comparten Maraleya y Taxxa mientras Susana vuelve a su bitácora del filtro sanitario para levantar su reporte de visitas, entre las que yo no figuro, pues aún no he tenido la oportunidad de anotarme.

7

Taxxa se encuentra en una posición idéntica a la que tenía cuatro horas antes, cuando entré por primera vez. Está sentada sobre su cama con la tranquilidad del Buda bajo la higuera. La terapia grupal de los viernes ha concluido, la peluca está peinada. El contraste de carácter con Maraleya es brutal, la primera es fuga hacia delante, la otra un bloque de serenidad. El destino me parece un bromista por haberlas juntado en un mismo cuarto. O quizá, y más probablemente, un sabio.

Al revés que Mara, Taxxa desmadeja su historia lentamente y en orden. Marca silencios para buscar las palabras adecuadas. Intento auxiliarla con vocablos que se me ocurren, pero ella me calma diciendo: "Espere". Sustituye palabras como "*bus*" por otras que consideraba más mexicanas como "camión". Quiere hacerse comprender a cabalidad.

Le parece importante que yo entienda quién es ella, una artista autodidacta del transformismo. Como todo esto hunde sus raíces muy atrás, escucho de su infancia solitaria, su adolescencia en un barrio donde cunde la violencia, el descubrimiento de las artes del maquillaje en un baño de oficina y, de pronto, llegamos a su triunfo como primera Miss Gay Centroamérica "*plus*". Su fisionomía no le permitía concursar en la categoría "*thin*", más antigua. Pronuncia "tin".

—Si pude lograr todo eso, también podía atreverme a llegar a los Estados Unidos —concluye.

El transformismo no es un camino fácil, y menos en El Salvador. En su barrio de origen, las pandillas no toleran que los hombres se vistan de mujer.

—Una ni siquiera puede escoger la marca de sus tenis o el color del cabello —me explica.

Todo está estrictamente codificado, las rubias son de una mara, las pelirrojas de la otra, y equivocarse puede costar caro. Taxxa se marcha del barrio con una maletita y el corazón hecho pedazos porque deja a su madre ya vieja.

Se muda a un departamento en el centro de San Salvador, pero ahí tampoco prima la paz. Se vende droga en la calle y a ella y sus *roomies* les cobran por circular en el área. Hay que cubrir una doble renta, la oficial y la de los pandilleros.

—Tenía tanto miedo de enfermar y no poder pagarles, pero así se vivía —me cuenta.

Un mañana dejaron a un muerto en la puerta del bar donde rentaba un camerino para ejercer de maquillista.

—Yo lo conocía. Qué impresión me dio verlo. Muerto así.

Durante dos semanas Taxxa no quiso ni salir de su departamento.

—¿Por qué lo mataron?

—Cosas entre vendedores de droga. Una piensa que no quiere estar ahí en un mal momento, porque la matan también.

Las experiencias desagradables se acumulan en la comunidad LGBT de San Salvador. Molestan a unos, golpean a otras, asaltan a todas. La gota que derrama el vaso es la violación de una pareja de hombres por diez pandilleros en Ciudad Delgado, un municipio urbano de San Salvador. Les allanaron la casa, se llevaron sus pertenencias y alguno de los violadores les dejó de recuerdo el virus del VIH . Estos dos hombres vejados, robados y sin la menor posibilidad de obtener justicia, organizan un grupo de veinte personas para migrar a los Estados Unidos.

Taxxa decide irse con ellos.

Con la gran ayuda de Dios, y algunos maltratos por parte de las autoridades, arriban a Tapachula donde solicitan el refugio.

Miles de migrantes provenientes del planeta entero esperan lo mismo en aquella ciudad, probablemente la más cosmopolita de

México, donde se ve todo tipo de pieles y se escucha toda clase de idiomas. No cabe ni un alfiler en los albergues. El ambiente es pesado. Los haitianos no hablan con los cubanos, quienes no hablan con los centroamericanos, los cuales no hablan con los africanos ni mucho menos con los indios o los bangladesíes.

Taxxa y sus amigas pasan tres meses en la miseria, apretujadas en dos cuartos de hotel. Diez personas en cada habitación. Les habían dicho que quinientos dólares bastaban para llegar a Juárez, pero no era verdad. Las que no tienen cómo recibir remesas tienen que recurrir al trabajo sexual mientras salen los papeles.

Cuando al fin obtienen el "salvoconducto para cruzar México", Taxxa comete su mayor error. Viaja hacia atrás.

El "salvoconducto" tiene validez por dos años así que toma el bus a San Salvador para abrazar una última vez a su mamá.

—Ella ya es muy señora y no sabe usar las tecnologías. Era cada vez más difícil comunicarnos. Me robaron el celular y ella lloraba cada vez que hablábamos, por teléfono prestado o público.

La pobre madre de Taxxa solo escucha noticias de secuestros y asesinatos de migrantes en México. Seguramente, antes no les prestaba atención. Taxxa no solo quiere ver a su mamá, también calcula que puede ganar mucho dinero en la Gay Pride, que cae justo en esas fechas. Y, sobre todo, no quiere volver a vivir una miseria similar a la de Tapachula. Se necesitan recursos para migrar dignamente.

Así sucede: junta dinero maquillando y peinando pelucas para las chicas que desean verse espectaculares en el desfile. Pero encontrarse con su madre es aún más difícil que antes. Las pandillas castigan a las personas que migran, las tienen bien ubicadas. Las consideran prófugas de su reino, les piden dinero, las golpean. Los migrantes son sospechosos siempre, porque pueden dar información y nombres en el extranjero. Algunos ni siquiera pueden volver porque los matan por bocones. Taxxa se da cita con su mamá en lugares muy apartados, complicados, y ambas sienten miedo.

Tiene muchos menos deseos de migrar que la primera vez. Sabe que no es difícil, sino horrible. Tiene que hacerse de valor. Se junta un nuevo grupo LGBT, porque las violencias continúan, y es así como retoma el camino a Tapachula un año más tarde. Llegando a México orienta a sus compañeras para conseguir los salvoconductos y ella toma un avión hasta Juárez. Se lo paga una de las chicas del primer viaje, que ya vive en los Estados Unidos. Todas están del otro lado y ganan en dólares. Pero Taxxa llega a Juárez a finales de marzo de 2020 y la frontera cierra antes de que pueda cruzarla. Se paralizan los trámites y empiezan a deportar a todas las personas que cruzan, *en caliente*, sin juicio ni registro ni nada.

Taxxa ahuyenta a cada chica que se asoma por la puerta diciendo: "Estoy de entrevista". Le pregunto por algún recuerdo agradable dentro de las experiencias amargas de su migración.

Guarda un minuto de silencio antes de responder.

El primero, dice, es cuando las veinte se reunían en uno de los cuartos del hotel de Tapachula para rezar, agarradas de las manos. Había gran paz y esperanza. Luego algunas salían a trabajar a la calle y las demás trataban de dormir.

El segundo, dice, es su festejo de cumpleaños junto al río Suchiate, al sur de México. Una salvadoreña casada con un mexicano las lleva en su troca para un picnic. En la batea viajan las chicas con sillas, litros de refresco y tres gallinas que degüellan al llegar. Luego se bañan en el río, que es profundo y las arrastra con suavidad.

8

En su versión de sociólogo y profesor de la Universidad de Chihuahua, Alfredo maneja un lenguaje complejo, salpicado de citas. Es la jerga de un académico especializado en temas de migración y género. Esa lengua quiere ser tan cuidadosa con los términos y las sensibilidades, se preocupa tanto por definir e incluir, que muy rápido pierdo el hilo narrativo y argumentativo.

Si se descorre esa primera cortina de palabras complicadas que buscan la mayor precisión, aparece el lenguaje del activista social, el de terreno, el que acompaña a las familias. Cuando habla del trabajo en la calle, su vocabulario se suaviza, se vuelve íntimo, natural. Pero esta capa de activista también puede levantarse para descubrir al sociólogo *sui generis* que, caballito de tequila en mano, observa a los habitantes de la noche. Desde los años ochenta acompaña a los travestis y las mujeres trans.

—Conocí a Julia la Guapa —me cuenta una noche en El palacio de las estrellas, o el "Palace", un bar en el viejo centro nocturno de Juárez donde organiza eventos, cerca de la línea.

Es martes y el antro está cerrado al público. Los techos tienen triple altura, hay un segundo piso con balcones y una escalera de barandas doradas por donde bajan a la pista los travestis cuando dan espectáculo. Unos muchachos ensayan coreografías para el *show* del jueves. Alfredo toma de su tequila, lo saborea unos momentos antes de continuar:

—Es que era hermosa. Desde los catorce años se escapaba de su casa para entrar de contrabando a los antros. Se robaba la ropa de mujer de los tendederos de las vecinas. Le quedaban mejor a ella que a sus dueñas originales, las lucía como una princesa. No sabes cuántas veces tuve que ir de madrugada a sacarla de la barandilla… Conocí a muchas más, me convertí en su chofer. Tenían varios turnos por noche y yo me las llevaba a los diferentes bares en mi *pick-up*. Así las conocía más. A Palmira, por ejemplo, la conocí en esas giras por el Juárez de la fiesta.

Dejo que Alfredo se pierda en sus recuerdos, parece feliz. Dice que en aquella época llegaban a Juárez las mujeres trans de toda la república. A diferencia del resto del país, aquí no estaban reducidas al mero trabajo sexual. Podían conseguir empleo de meseras, por ejemplo, o de *bartenders*.

Alfredo pide que nos llenen por tercera vez los vasos de tequila.

—Julia la Guapa murió de sobredosis —dice, una vez que tiene el caballito lleno al ras—. Pero la realidad es que murió por un amor desdichado. Muchas de ellas ya no están. A finales de los ochenta, la vida nocturna de Juárez era más intensa que en una playa.

La época de oro es el tema favorito de los juarenses, todos hablan de cuando su ciudad era una fiesta. Antes de la guerra, antes del terror.

Un mesero nos sirve tequila a nosotros y refrescos a los chicos que ensayan. Es venezolano, rubio, alto, atlético, amanerado. Lleva casi cuatro años esperando para cruzar, con su MPP. En una hoja de mi cuaderno tengo apuntado que eso es el Migrant Protection Protocol que obtenían los solicitantes de asilo en la era de Trump. Los arrestaban en los Estados Unidos, los registraban y mandaban a México a esperar la resolución de su juicio. Las cortes, con base en las declaraciones de los migrantes, sus eventuales garantías en el país (como familiares que se responsabilizaran por ellos) y la investigación que realizaban los peritos, dictaminaban si era verdad que en sus países de origen corrían riesgo de ser asesinados o presos políticos y si merecían el asilo.

Es una ventaja inmensa respecto a los que llegan en plena pandemia, porque a esos los deportan sin MPP, sin registro, sin nada, solo con la ropa que llevan puesta. El "Título 42" —cuyo significado también he anotado— es la medida de emergencia sanitaria que los gringos fueron a buscar en una ley de hace cien años y les permite echar de regreso, sin hacer caso de los protocolos humanitarios internacionales, a los desesperados que logran cruzar la frontera a pesar de las circunstancias. Tienen mejores chances los que *tienen* MPP que los que *son* Título 42. Esta es la jerga del mundo migrante.

Al dueño del Palace también lo mataron durante la guerra. Ahora que Juárez se levanta poco a poco de sus ruinas, unos empresarios lo han retomado. Cuando lo invitaron a ser el organizador de la vida nocturna del antro, Alfredo dudó. Tenía trabajo de sobra en la universidad. Pero ahora está feliz con su nuevo laboratorio de la vida nocturna en la frontera.

Tomo de mi tequila y entrecierro los ojos, para enfocarlo mejor. Estoy segura de que debajo de esta última cortina, la del científico de antro, existe en Alfredo una identidad más profunda, más compleja todavía. La insinúan sus dientes afilados, sus ojos que brillan con recuerdos que no cuenta. Son muy pocos los días que me quedo en su ciudad como para conocerlo a fondo.

9

Después de mi entrevista con Taxxa paso frente al Palace, cerrado con un grueso candado. El sol revela el engaño en sus rejas y rótulos dorados con una fea pintura. No tengo tiempo de ir a echar una siesta al hotel, pues Maraleya me ha dado cita a las cuatro para preparar las pupusas. Luego iremos a la "disco", o sea: a este mismo Palace donde Alfredo organiza una noche de espectáculo. A las chicas de la Casa de Colores no les cobran la entrada.

Bajo por la avenida Francisco Villa, bautizada en honor al cau-
dillo de la Revolución mexicana. Este general violó a mujeres en
todo el territorio donde hizo la guerra y se jactaba de tener setenta y
siete esposas. No sé por qué las calles siguen ostentando su nombre.

Por el ancho camellón pasan las vías férreas. Datan de más de
un siglo de comercio con los Estados Unidos, que desde siempre
nos han vendido armas de fuego y abastecieron la Revolución. El
mismísimo general violador se escondió con sus soldados en los vagones de mercancía para tomar la ciudad por sorpresa y a traición.

Escucho el silbido de una locomotora. Cruzo la avenida y me
pongo a salvo sobre la banqueta, junto con unas mujeres rarámuris, de ropa abigarrada y faldas amplias. Son las descendientes de
los más antiguos habitantes de la zona, también llamados "pies
ligeros" por su habilidad para correr enormes distancias en la
montaña.

Muchos rarámuris se han visto obligados a migrar a las ciudades y recurrir a la mendicidad. Mis vecinas de banqueta sujetan
a sus niños e, igual que yo, se quedan mirando el paso de los
vagones color óxido.

De quién sabe dónde han surgido unos soldados con rifle
y chaleco antibalas. También hay hombres con uniforme de policía privada. Los militares permanecen de pie, con los ojos escudriñan el tren. Los otros se acuclillan para mirar por debajo de
los vagones. Uno de plano se recuesta sobre el piso, bocarriba,
para mirar mejor. Están al acecho de polizontes.

El tren de mercancías desfila sin contratiempos y pasa por la
enorme puerta abierta al país de al lado. Los uniformados —soldados y policías de seguridad privada— se suben a una camioneta y se largan.

Camino de nuevo por las vías, detrás del tren, hasta la enorme puerta de metal ya cerrada donde alguien ha grafiteado "*Fuck*
la migra". Luego sigo el borde del río Bravo. En el centro de

cada uno de los puentes vehiculares que conectan ambos lados ondean las dos banderas. Allá arriba, en el aire, somos amigos, como en las Naciones Unidas.

A la entrada del puente Paso del Norte, el más antiguo de la ciudad, se encuentra la Cruz de Clavos. Está pintada de rosa y es un reclamo por las muertas de Juárez. De los clavos penden papelitos con nombres de mujeres asesinadas. Este memorial que colocaron las ciudadanas es lo último que ven los coches que se largan de México. Dice a los conductores que están abandonando una ciudad donde no hay justicia.

Entro al Kentucky por una cerveza y algo de comer. Es uno de los pocos bares que sobreviven en la avenida Benito Juárez, atascada de coches con placa texana que hacen fila para cruzar al otro lado.

Ya con mi vaso de cerveza fría sobre la barra de madera —que, se presume, tiene cien años—, me pongo a conversar con dos traileros mexicanos que ya son gringos. El tío y el sobrino portan gorras con insignias de equipos de beisbol. Rechazan mi oferta de papas a la francesa que me han servido en porciones escandalosas.

—Es que nos pusimos el anillo —explica el sobrino.

Señala con el dedo índice la boca de su estómago.

—Es o comer o beber —añade el otro.

Tardo en comprender de qué me hablan. Siguen gordos los dos.

—Ya sé que no me veo flaco, ¡pero bajé ciento cincuenta libras! —dice el mayor, como adivinando mis pensamientos.

Hacemos cálculos para ver cuánto representaban ciento cincuenta libras en kilos. Ahora el tío pide rondas de tequila para los tres. Se las toman de hidalgo, como adolescentes. O más bien: como gringos. Me pregunto si se volvieron obesos como consecuencia del pasaporte estadounidense y el acceso a la comida de microondas.

—¿Y vienen mucho? —les pregunto.

—Oh sí. Es mucho más a gusto de este lado para tomar.

—¿De los Estados Unidos se puede cruzar para acá igual que siempre?

Conozco la respuesta, pero sigue resultándome pasmoso.

—Pues sí. Ahora dejamos el carro del otro lado y cruzamos a pie, porque la fila está larguísima.

—¿Sabían que la frontera terrestre está cerrada para los mexicanos?

—Pues sí.

—Chale. ¿Qué injusto no?

—Así es con los gabachos.

Otra vez la levantada de cejas, la mirada desgastada del "así es y no hay nada que hacer". Me tomo el resto de mi caballito de hidalgo, como ellos, fiel a mi lema "adonde fueres haz lo que vieres". Intercambiamos contactos de Facebook, ahí puedo ver a la familia entera en un viaje a Orlando, todos los miembros vestidos con sudaderas de jerga, muy orgullosos de sus raíces.

10

Camino un poco borracha por la avenida Benito Juárez, que imagino llena de gente, como antes, y no de coches, como ahora. Me topo con un estacionamiento llamado "Noa Noa". Eso es lo que queda del antro que Juan Gabriel lanzó a la fama internacional:

> *¡Esto es un lugar de ambiente*
> *donde todo es diferente!*
> *Donde siempre alegremente*
> *bailarás toda la noche... ahí...*

Vamos al Noa Noa
Noa Noa Noa Noa
Noa Noa ¡vamos a bailar!

Todo mexicano y casi cualquier latino pueden corear al divo de Juárez, el niño pobre que se forjó en la vida nocturna de esta ciudad y luego se convirtió en la voz de México. En esta frontera, asegura Juan Gabriel, se puede ser "diferente". Según Alfredo, a causa de esa canción habían llegado los gays, travestis y transgénero, primero en migración interna y ahora de más al sur. En un mural que la ciudad dedicó al cantante tras su muerte se leen las palabras: "Felicidades a toda la gente que está orgullosa de ser como es".

Las letras de las canciones, igual que las leyendas, sedimentan en la memoria colectiva. Se anclan al corazón con más fuerza que las noticias de última hora. A Juárez, santuario contemporáneo del feminicidio, siguen llegando la gran mayoría de las mujeres trans que toman el camino hacia los Estados Unidos.

Los primeros contingentes trans de Centroamérica arribaron a Juárez con las caravanas migrantes de 2018. Los albergues, regenteados por cofradías de religiosos, trataron de acomodarlas lo mejor posible. Algunos incluso abrieron secciones especiales. No obstante, los demás huéspedes expresaban su incomodidad y rechazo. Había la confusión con los baños, con los niños y una gran carencia de tratamientos para el VIH.

Turquesa, una enfermera transexual, fue la mujer del momento. Era activista con personas seropositivas en situación de calle y al calor de la necesidad consiguió los fondos, el apoyo de las oenegés e institutos internacionales para abrir el primer albergue para personas trans de todo México. Abandonó su trabajo en un hospital y se puso de directora. Pero no tenía el temperamento apropiado. Poco a poco la aclamada exenfermera se

111

convirtió en la persona abusiva que Susana, Taxxa, Maraleya y otras víctimas denunciaban.

Tengo la suerte de llegar a la Casa de Colores al mismo tiempo que otra inquilina con llaves para la puerta de fierro y la de vidrio. Subo las escaleras detrás de aquella rubia de un metro ochenta, de caderas abundantes y un porte tan naturalmente femenino que no puedo imaginar cómo alguien podría reconvertirla en hombre. Sería un acto contra natura.

No hay rastro de Maraleya por ningún lado. Taxxa, que tiene sus propias visitas, ordena que me hagan sitio en el mismo sillón que ocupé por la mañana. Me resigno a la cobija de falso terciopelo azul que me hace sudar.

—¿Ustedes son chicas de Ciudad Juárez? —pregunto a las visitas. He detectado el sonido "ch" característico de esta región.

Se ríen y responden que ellas son "chicos". En efecto, están vestidas de varones, con *pants* deportivos y cabello corto. Pero portan largas arracadas de plata. Taxxa está dando volumen a la peluca que le trajeron. Acomoda los caireles con *expertise* ante los grititos entusiasmados de los dos clientes.

A la primera inquilina que asoma, Taxxa anuncia que vengo por pupusas y la manda por noticias a la cocina. La mujer vuelve con la nueva de que ya están casi listas y que en cinco minutos me traerá unas. Trato de convencerlas de que no me urge comer pupusas, que estoy esperando a Mara para comer con ella. Mis palabras caen en el vacío, ya nadie me está escuchando.

Las chicas chismean acerca de un hombre de Juárez que merodea por los antros con mucho dinero en la bolsa. Taxxa dice que siempre pide una botella a la mesa y mucho refresco. Luego las invita a todas a su casa de dos pisos, donde tiene más botellas y mucha cocaína. Pero casi ninguna chica de la Casa consume esa droga. Él les solicita que se desnuden, pero nunca las toca.

—Ay, ¡ese viejo me aburre! —exclama una chica que escucha la conversación desde la puerta. Tiene el cabello atado en una cola alta.

—¡Te cuenta su vida entera! —se queja uno de los chicos de Juárez—. Yo no soy psicóloga ni me gusta.

—A mí no me importa —dice el otro chihuahuense, el más joven—, solo me pide que suba o baje la pierna, está fácil.

Nos hace una demostración de las posiciones que adopta para complacer a ese hombre: se apoya sobre la cama con un solo brazo, como la Olimpia de Manet, y balancea la pierna.

—Está quedando divina —dice el otro juarense, más interesado por los rulos de su peluca.

—¿Recuerdas cuando invitábamos al hombre a la casa Turquesa? —dice la chica de la cola de caballo, entrando a la habitación y sentándose sobre una de las camas.

Taxxa se ríe.

—No se nos podía escapar que era un albergue, ¡porque estaba prohibido!

—El tipo pensaba que era su harem.

—Al día siguiente llegaba Turquesa y se sorprendía de ver todo recogido y limpio. ¡No entendía por qué ese día nos habíamos levantado con ganas de hacer el aseo!

Se ríen, felices con recordar la travesura.

11

Mara entra a paso marcial con dos bolsas de súper. Vierte su contenido sobre la cama; son champús, acondicionadores, cremas corporales y lociones. Me pregunto si valen los quinientos pesos que le di. Sin apenas saludar, vuelve a salir y regresa con un plato de pupusas que me inserta a la fuerza entre las manos.

—¿Ustedes no van a comer? —pregunto, inconforme.

—Usted coma, nosotras comemos después.

—No, no: ¡me espero a que esté lista la comida para todas!

Mara me mira con rencor. Tiene muchas ganas de entretenerme con comida. Me levanto para llevar el plato a la cocina yo misma.

Dos mujeres están al mando de la preparación de las pupusas, asistidas por Sasha y Danaé. Al verme, Sasha agarra un plato y me sirve unas pupusas listas. Le muestro el plato que yo misma traigo de regreso y juro solemnemente que aún no tengo hambre y que prefiero esperar. Jalo un banquito y me siento para ver cómo hacen las pupusas.

Tardo en comprender que son dos mujeres "cis" las que están cocinando. Me encuentro ya demasiado confundida con las identidades. Se llaman Liliana y Celia y van para San Francisco.

—¿Por qué a San Francisco?

—Porque ahí está mi mamá —responde Liliana, la más fornida, de pelo corto y grueso.

Va dando forma a la masa de pupusas con palmaditas profesionales. Tiene manos muy pequeñas si se comparan con su imponente corpulencia.

—Pero yo quiero ir más al norte, a Portland —dice la más bajita, con los cachetes enrojecidos por la cercanía de la lumbre.

Por la mirada que intercambian comprendo que es una discusión difícil.

—¿Cómo Portland? —exclamo—. ¿No hace un frío horrible?

Celia, la bajita, sueña con vivir en la nieve.

—El calor no me deja vivir. Sudo y sudo, traigo la camiseta mojada el día entero —se interrumpe para colocar con cuidado una pupusa sobre el sartén—. En las noches no puedo dormir, aunque me ponga el ventilador en la cara. ¡Y los moscos se ponen de acuerdo para picarme solo a mí!

114

—Sí es problemática la chica —concede la grandota.

—Quiero ir lo más al norte posible.

Le brilla la cara con la perspectiva de las bajas temperaturas que le harán la vida más fácil a su cuerpo acalorado, inadaptado al clima tropical de su país de origen.

—Pero ¿cómo sabes que te va a gustar el frío?

—¿Ves ahora que nevó en Juárez? —me pregunta ella a mí.

—Sí... —respondo.

La helada histórica de febrero 2021 hizo colapsar el sistema eléctrico en Texas y los vecinos mexicanos que les compran la luz se quedaron en las tinieblas también.

—Pues me encantó. ¡Por primera vez en la vida no tuve calor! —asegura Celia.

Conozco personas que se mudan al sur en busca del sol, así que me parece de pronto lógico que otros organismos busquen el frío.

Ayudo a Sasha a preparar la mesa en un recoveco del pasillo. Desplazamos con cuidado una máquina de coser y en su lugar colocamos la salsa de jitomate y las servilletas. Pasamos rápido un trapo y luego anunciamos a voz en cuello que la cena está lista, para que las chicas salgan de sus habitaciones.

Las pupusas se comen con las manos, pero a mí me quieren poner un tenedor en las manos por ser mexicana. El chico que posa como la Olimpia de Manet acepta el tenedor y come con modos de señora educada. Yo no, Mara aún menos: se mete la mitad de una pupusa en la boca y casi se ahoga. De todas formas, no aguanta ni diez minutos sentada y se fuga con su plato quién sabe a dónde.

De quienes estamos a la mesa, solo la pareja de mujeres y Sasha cuentan con un espónsor en los Estados Unidos, es decir, un residente legal dispuesto a alojarlas y responder por ellas durante el juicio de asilo. El proceso puede durar entre seis meses y dos años. Las demás, a falta de espónsor, tendrán que vivir en un centro de detención.

—Es que mi madre es mujer de limpieza en San Francisco —explica Liliana. Ella es su espónsor.

No es la primera vez que lo intenta. Hace dos años reprobó las entrevistas para el asilo y la deportaron, cuando ya trabajaba ayudando a su mamá.

—El argumento de violencia familiar no funcionó. Mostré mis fotos de golpes, pero no.

—¿Y ahora qué vas a argumentar?

—El género. Nos queremos casar —agarra la mano de Celia y se miran a los ojos, mucho más suave esta vez. Están ilusionadas con llegar a un país donde nadie las amenazará con violarlas para que se les quite lo lesbianas. Al menos eso creen y quién soy yo para decir lo contrario.

—¿Y tú Sasha? ¿Quién es tu espónsor? —pregunto.

—Tengo unos tíos en Los Ángeles. Pero estoy muy nerviosa.

—¿Por?

—Es que apenas estoy transicionando... Si por el miedo me pongo a hablar en masculino, me echarán por mentirosa.

Sasha también era reprobada del servicio de migración. Ni siquiera pudo hacer la entrevista de rigor, la mandaron de regreso con todo su grupo. Habían salido del albergue de Turquesa con el plan de cruzar el río clandestinamente y solicitar el refugio del otro lado. Aún no empezaban las deportaciones *en caliente*, y era una estrategia viable, hasta lógica. Pero el plan se echó a perder porque la exenfermera metió en el grupo a un cubano disfrazado de mujer con una simple peluca y zapatillas femeninas. Cuando los gringos se dieron cuenta del engaño, las deportaron a todas. No soportan que les mientan.

—Con los nervios, una dice cosas que no son —confirma Liliana.

Las entrevistas son la gran prueba, una suerte de examen de admisión para el que hay que prepararse bien.

12

Después de ayudar a recoger la mesa y lavar los platos, busco a Mara para irnos a la noche especial de Alfredo. En el cuarto de Taxxa me espera el sillón recubierto con la cobija que me hace sudar.

—Mara está en lo de Sasha —me informa.

Es un cuarto del otro lado del pasillo donde Maraleya modela un pantalón frente un espejo. Sasha y Estefanía aprueban con gestos de la cabeza, pero la protagonista bufa con insatisfacción.

—Ya vamos a la disco—me dice en cuanto me ve aparecer en el reflejo—, salimos pronto.

Tomo asiento sobre la cama de Sasha, junto a un unicornio de peluche. A los pocos minutos me dejaron sola para ir a buscar una prenda al cuarto de Maraleya. Atropellan a Trixxa. La perra llora por el apachurrón de pata, pero nadie la pela.

Después de unos veinte minutos de espera solitaria, decido volver a mi sillón habitual. Taxxa observa en silencio las pruebas y combinaciones de Maraleya. De pronto se pronuncia:

—Yo tengo algo para ti.

De una maleta debajo de su cama extrae un pantalón. Lo coloca sobre su antebrazo para mostrar cómo cae, tal como haría una vendedora experimentada.

—Por doscientos pesos —dice.

Mara se lo prueba y corre al cuarto de Sasha donde está el espejo de cuerpo completo. Entre tanto, la misma Sasha pide permiso para probarse una peluca negra. Se mira en el espejo de pared de Taxxa, que era pequeño, con un grueso marco de madera.

—Por cien pesos —dice desde su cama, sin moverse.

A las diez treinta me llega un mensaje de Alfredo preguntando dónde estamos.

—¡Dice Alfredo que ya está empezando el *show*!

Mara se pintaba sombras sobre los párpados en el espejito de pared.

—Ya vamos, dile —responde sin mirarme.

Decido que esperaré una media hora más, como máximo. Justo en ese momento Taxxa se levanta y se pone a escoger una peluca. Ha decidido acompañarnos. Son las once.

—Son capaces de salir a las doce —argumenta Alfredo—, ya vente.

Las chicas me juran que en una nada me alcanzan.

13

Alfredo se desliza como pez en el agua por el amplio espacio del Palace, con su copita de tequila en mano. Con gesto dramático quita el letrero de "reservado" de una mesa para diez donde me instalo sola. Sobre el escenario, Manuel ya da su espectáculo. Lo había conocido en *pants* y peinado de futbolista, pero ahora es una mujer exuberante de cabello largo y platinado, *body* azul eléctrico y tacones de aguja. Canta en *playback*, se contorsiona con la música y hace *talk show* entre canciones.

Parte importante de su espectáculo consiste en los cambios de vestuario. Es como si quisiera impresionarnos con todo lo que puede encontrarse en su talla. Contonea su cuerpo atlético de tobillos gruesos y que debe pesar cien kilos sobre unos zapatos de tacón que se sujetan con lacitos. Cada paso es un milagro renovado. En una ocasión vuelve al escenario ataviado con un simple payasito y medias de rejilla. Da saltitos y nos informa que, contrariamente a lo que imaginamos nosotros, un hombre bien dotado esconde el pene con más facilidad que un hombre de sexo corto.

La audiencia ríe. Son hombres y mujeres de mediana edad, vestidos de *jeans* y camisas gruesas. Estamos lejos de la nueva zona dorada donde beben los juarenses jóvenes y con dinero. Aquí se siente la decadencia de un centro que no logra levantarse tras la guerra.

Pedimos el *"encore"* cuando hacen su entrada las chicas de la Casa de Colores. Es la una de la madrugada. Avanzan en formación de cuatro, en tacones, maquilladísimas, en vez de rifle traen bolsas de mano. Mara cambió el pantalón rentado de Taxxa por un vestido *stretch*. Sasha trae una falda negra tipo Morticia, Estefanía porta un *strapless* divino y Taxxa me deja boquiabierta. La camisa de muselina da ligereza a su cuerpo grueso, la peluca de cabello rizado parece natural y se ha maquillado como una señora, no como una *drag*. Maraleya dijo que ser mujer es difícil, y ahora veo cuánto camino ha recorrido Taxxa en relación con las demás.

Manuel, quien desde el escenario gratificaba cada llegada del público, hace como si solo ellas, en todo el antro, fuesen transparentes.

Las cuatro se sientan, aferradas a sus bolsos de mano, convertidas en estatuas. Sasha porta su peluca como si se tratara de una jarra de agua en equilibrio, así que se mueve lo mínimo. Pido un cubetón de cerveza y casi les tengo que insertar las botellas en las manos. Solo Taxxa mira plácidamente a su alrededor y ordena un tequila.

Nadie se ha arreglado como ellas y no hay hombres solos. Manuel aún no se ha bajado del escenario cuando las cuatro se levantan al unísono. Me dice Maraleya que se van a otra "disco". Para mi estupefacción, las veinticuatro botellas de cerveza están vacías.

Nos damos cita para el día siguiente, pues Roxana, otra de las chicas, me ha convidado a su fiesta de cumpleaños. Está descansando esta noche para lucir más guapa el mero día.

14

Vibra mi teléfono sobre el buró. Ruedo por la enorme cama del hotel hasta alcanzarlo. Son las ocho y Maraleya me recuerda en un Whats que el asado de cumpleaños es a las dos. Le escribo a Alfredo.

—¿Vas a la fiesta de Rox?

—No, chiquita. Tengo el funeral...

Con la desvelada había olvidado que un colega suyo de la universidad murió de covid. Me urge un café. Para no caer por tercera vez en las trampas de Maraleya, calculo que debo llegar dos horas después de lo pactado, o sea: a las cuatro. Tengo tiempo.

Saco el penúltimo billete de mi bola de calcetines y bajo con mi libro a esperar en el *lobby* del hotel a que un Uber tenga la gentileza de aceptar mi solicitud de viaje. Según Alfredo, la cantidad de cancelaciones por parte de los choferes tiene que ver con mi número de la Ciudad de México y el odio al chilango.

Un grupo de hombres de negocios sale del *buffet* del desayuno arreglándose la camisa, como si acabaran de cometer un acto bárbaro.

Pido un café y leo. *Huesos en el desierto* es el resultado de una investigación periodística sobre la descomposición de esta ciudad. Describe las redes de complicidad y crimen que desde antes de la "Guerra contra el narco" de 2006 tuvieron como corolario la ola siniestra de feminicidios que hizo, y aún hace, temblar al país.

En uno de los últimos capítulos, Sergio González Rodríguez cuenta la historia del campo algodonero. En 2001, un albañil que quiso cortar camino por ahí tropieza con el cuerpo en descomposición de una mujer. Los forenses hallaron otros siete cuerpos, algunas víctimas tenían alrededor de quince años. Pero ni la conserje ni el gentil conductor del Uber que acepta mi solicitud de viaje habían jamás escuchado de las muertas del campo algodonero, ni mucho menos del memorial en que lo habían transformado y adónde yo quería llegar.

Viajamos de Avenida Triunfo de la República, donde está el hotel, a Paseo de la Victoria. Aun con lo heroico de sus nombres, estas vías tienen poca gracia. Los edificios están construidos como sea, sin combinar entre sí y sin preocuparse por la armonía. Hay mucho terreno baldío y muretes de tabique con mensajes electorales viejos, descarapelados. Los árboles escuálidos, cuando los hay, parecen fuera de lugar en el paisaje seco, de cemento.

Juárez había vendido su alma al diablo de la maquila en los años setenta, como muchas ciudades de la frontera norte. De modo que hay riqueza, pero construida sobre una masa explotada y precarizada que trabaja en condiciones cercanas a la esclavitud. Esta gente pobre, desechable, sin protección, casi siempre recién llegada del campo, aceita perfectamente los engranajes del crimen. Fáciles de reclutar, de desaparecer y luego de sustituir por la sangre nueva que llega detrás, en un flujo ininterrumpido.

A la sombra del producto de maquila para los Estados Unidos, circulan las mercancías ilegales. De México suben las drogas y las personas indocumentadas, de los Estados Unidos bajan las armas.

Resulta difícil comprender por qué a Juárez le fue peor en cuanto a crimen que a otras ciudades de la frontera igualmente dedicadas a la maquila y el tráfico. La aparición recurrente de cuerpos de niñas y mujeres violadas, asesinadas y desechadas por su territorio es una historia de horror que aún no termina de explicarse.

González Rodríguez expone en más de trescientas cincuenta páginas una cantidad de datos difícil de asimilar en una primera lectura: señala complicidades, redes de nombres y apellidos, corrupción en todos los niveles y una impunidad colosal. Consignó con cuidado cada expediente y cada confesión, recorrió los folios de algunos de los casos más sonados de feminicidio.

Y sin embargo no basta. No se entiende a cabalidad cómo nace una monstruosidad feminicida así, una hidra asesina de mil cabezas. El lector navega por el libro como sobre un mar de información que al final resulta tan inabarcable y opaca como el mal mismo.

El mismo periodista fue secuestrado y casi asesinado por atreverse a hacer su trabajo. Si tocas al monstruo, te atrapa con sus tentáculos.

Con la ayuda del mapa encontramos por fin el Memorial del Campo Algodonero. Se ve con más facilidad la entrada al estacionamiento del hotel Conquistador Inn que las rejas pintadas de rosa a dos metros de ahí, sin anuncio ni nada que las identifique como un lugar público. Antes de alejarse como si le urgiera incorporarse de vuelta al tráfico de la avenida, el conductor me advierte que hay poco Uber en esta área de la ciudad y que el itinerario en transporte público es muy complicado por los cambios múltiples que hay que realizar para alcanzar el centro. Me aconseja bajar la aplicación de la competencia, Cabify, para mejorar mis chances de conseguir un coche.

Sobre los cristales polarizados de la garita de vigilancia abandonada revolotean los avisos de búsqueda de mujeres. Las recompensas monetarias varían en monto. También se busca a los asesinos, con foto pero sin recompensa. En los anuncios más viejos, las imágenes se han deslavado y los rostros de las desaparecidas desaparecen también. En los avisos más recientes aún hay colores. Por estar colocados encima de los más viejos, con ellos se ensaña el viento gélido de finales de marzo, cargado del recuerdo de la reciente helada.

Camino por jardineras con pasto amarillo y fuentes sin agua. Algunas cruces rosas de madera siguen de pie, resistiendo el temporal, pero la mayoría yacen desperdigadas por el suelo como basura. Cada cruz ostenta la foto de una mujer y la leyenda: "Ni una más". Son probablemente los restos de una manifestación del 8 de marzo, y nadie ha venido desde entonces ni vendrá hasta que se convoque la siguiente manifestación. No necesito asistir para saber que en este memorial abandonado se juntan las mismas agraviadas de siempre, y una que otra nueva familiar de víctima reciente.

Más adentro del parque se erige un muro de placas negras con los nombres de las que fueron destrozadas por la máquina feminicida. Han previsto mucho espacio, sobra una buena mitad de muro para acoger las placas futuras.

Salgo rápidamente de aquel lugar inhóspito que solo vuelve más triste la realidad. El gobierno lo ha construido como parte de las reparaciones que le exigió la Corte Interamericana de Derechos Humanos, pero se nota que lo hizo sin ganas, solamente por cumplir.

Esperé largamente un coche de arriendo, sobre la banqueta, de espaldas a las rejas rosas.

15

La fiesta, en realidad, está prevista para la noche. A las cuatro de la tarde nadie tiene noticia de Mara.

Taxxa está sentada sobre su cama. Dice que no entraron a la segunda disco porque no había sitio, según el cadenero. Regresaron a desmaquillarse y a dormir.

—¿Será cierto que estaba lleno?

Alza los hombros.

—De todas formas, ya estábamos cansadas.

No se ve insatisfecha con la velada cuya diversión se concentró en las tres horas empleadas en vestirse y alistarse para salir.

En la cocina lucho para meter mis cervezas en el refrigerador. No hay agua corriente, pero sí comida, eso al menos lo tienen cubierto los organismos que les dan auxilio. Por falta de amor al sillón recubierto con la cobija azul, no vuelvo al cuarto con Taxxa, sino que me instalo en el viejo canapé rosa del pasillo, con un respaldo en forma de corazón.

Al poco rato, Roxana sale de su cuarto en *shorts* y chanclas, con el cabello corto y crespo. En las manos carga dos cubetas vacías. Es un hombre guapísimo. A Valeria, su novia, se le había escapado el nombre de "Roberto". Se conocieron y enamoraron en una granja de Honduras donde trabajaban estibando cajas de pollo.

—La fiesta empieza a las siete —dice Roxana—. Ya me alisto.

—¡Felicidades!

—Gracias, el año próximo, allá.

Se encamina hacia la cisterna. Luego pasa otra chica, desconocida para mí. Va con bolso al hombro, se ve con prisa. No tengo ganas de leer, me recuesto bocarriba con vista al techo que se cae a pedazos. En mi mente he pintado esta casa de colores porque me concentro en las inquilinas, siempre recién maquilladas, listas para gustar. Solo ahora me doy cuenta de a qué punto el lugar está hecho una ruina. Las paredes sudan y huele a caño. Otra de las labores en que se desgasta Susana consiste en las gestiones para aplazar la demolición del edificio.

Cierro los ojos y escucho cómo cruje y se balancea la construcción al ritmo de las habitantes. Llegan voces de los cuartos donde algunas hablan por teléfono. Alguien canta una canción, se acciona una secadora, un martillo clava algo, probablemente en el piso de abajo. Abren y cierran algunas puertas. Las personas se silencian cuando me ven porque piensan que duermo. Avanzan de puntitas, haciendo el menor ruido. Me llegan sus perfumes, las imagino relucientes, con medias de rejilla y pestañas postizas, listas para gustar, deseosas de ser deseadas.

Nadie me hará daño en esta casa, tengo esa certeza, así que con los ojos cerrados me dejo mecer por las pequeñas emociones de esta vida en suspenso, sus grandes esperanzas y hasta sus enojos fulgurantes, como el de la chica que sale gritando y luego calla, pero sobre todo de una vida donde ninguna es propietaria de nada, donde todo es pasaje, impermanencia, un estar lista para irse hacia una tierra soñada donde se empezará desde cero.

Cuando despierto, porque efectivamente me quedo dormida, constato la presencia de una mujer gorda ahí donde terminan mis pies, en la punta del sofá. Trae el pelo a rape, una camiseta guanga y un aire de querer ser chico malo. Me sonríe, suspira y continúa con su contemplación del muro descascarado. Es el hombre trans de la casa. Lo reconozco, aunque es la primera vez que lo topo. Por el pasillo llegan Liliana y Celia, cargando bolsas de plástico con pedazos de carne. De una de las bolsas chorrea sangre.

16

Son casi las nueve y no queda huella de la carne asada. En los pasillos del segundo piso de la Casa de Colores la fiesta bate su pleno. Han decorado con globos, una guirnalda dice "Happy Birthday" en letras rosas. Esta noche está permitido beber cerveza y tequila, aun si muchas optan por un vaso de refresco a causa del tratamiento de hormonas o el VIH. De cuando en cuando Susana sale de su habitación para brindar en el pasillo con una lata de Tecate Light. Vigila sin parecer vigilar.

La cumpleañera presume su cuerpo en un vestido azul turquesa orlado con chaquira y una peluca con un peinado alto y sofisticado. Se ha arreglado los ojos como asiática, con el trazo alargado hacia las sienes, y se ha pintado un lunar en la mejilla. Su novia, en cambio, viste *jeans* negros y gastados, y tiene la cabeza enfundada en su gorro de lana hasta las cejas. No se ha puesto maquillaje.

—¿Por qué no bailas, Valeria?

En Honduras bailaba, le encantaba bailar. Me había contado que en un antro cerca de su pueblo, en Honduras, le rompieron una botella en la cabeza por bailar pegadita con Roxana.

—En los Estados Unidos bailaré.

La mitad de las invitadas luce vestidos y tacones espectaculares, la otra mitad se ha quedado en fachas. Es todo, y entonces los arreglos personales duran más de una hora, o nada.

Taxxa asiste en pantalón deportivo y sudadera, Maraleya en *hot pants* y Estefanía con una camiseta que dice: *"Future is female"*.

Le entro al tequila y a los cigarros de sabor. Una chica recargada en la pared junto a mí, Irlanda, me enseña a tronarles el filtro para liberar el aroma. Porta un vestido rosa a ras de nalga, maquillaje pesado, pestañas postizas y está contenta porque un gringo le pagó cincuenta dólares por verla arreglarse en el baño del Cine Dorado. Llega a las puertas de la función con ropa discreta y una vez adentro, en los sanitarios, ante el gran espejo, se pone su atuendo de seducción.

Los otros doscientos dólares que ganó esa tarde implicaron sexo en las butacas y esconderse de las otras trabajadoras del cine, que eran mexicanas y la querían echar. Irlanda está ilusionada porque va a mandar cien dólares a su mamá. Western Union, Elektra y otros también están igual de encantados de que se prostituya en un cine, pues toman una buena comisión de esta y otras chambitas en la sombra que realizan los migrantes para sobrevivir.

Irlanda trae cinco estrellas tatuadas en la muñeca. Me explica:

—Son mis muertas, mis mejores amigas.

Las tendieron a balazos en una discoteca. También la encañonaron a ella, pero el hombre bajó el arma y dijo: "A ti te dejamos viva, para ver si con esto aprendes". Lo que aprendió fue a irse de ahí.

—En El Salvador no podemos vivir.

Lo dice con el rostro deformado por el asco y el miedo, como si le acabara de dar un tremendo dolor de estómago.

En esta casa no hay pudor en expresar el miedo a la violencia. La mímica de Irlanda se asemeja a la de Taxxa cuando me contó que en el puente de Tecún Umán, en la frontera entre Guatemala y México, dos hombres armados con simples cuchillos aterrorizaron a su grupo de veinte. Se llevaron el dinero y la comida sin que ninguno se animara a defenderse. Estas chicas no tienen pena porque cifran la valentía en ser ellas mismas. Y ya es bastante.

En el pasillo se forman trenecitos de perreo. Las caderas de todas se mueven sabroso, un meneado espectacular, sensual, brillante. Maraleya nos da la espalda. Ha colocado las manos sobre el respaldo de una silla y hace un *twerking* solitario, sexual. Me salgo del tren a pesar de los reclamos porque desentono, desajusto, me siento torpe.

Cada uno de estos cuerpos en tránsito trae consigo la cadencia particular de Centroamérica. Una identidad honda, irrenunciable, que resiste a las transformaciones del cuerpo y la mente.

Pienso en los ritmos que los africanos trajeron consigo en los barcos negreros, hace muchos siglos. Los descendientes de esos hombres y mujeres esclavizados olvidaron sus lenguas de origen, sus religiones, pero no el compás de la danza y de los tambores. Brota el ritmazo a la menor provocación, desde las más profundas raíces.

Cuenta la leyenda que los agentes de migración mexicanos piden a quienes no traen documentos que canten el himno nacional para desenmascararlos. Ponles perreo, pienso, y los reconocerás.

Obviamente nadie querrá bailar ante las autoridades, de tan tristes que son.

A mi derecha, Taxxa está recargada contra el marco de la puerta de la habitación contigua, sonríe con su vaso de refresco en la mano. Es quizá uno de esos momentos bellos, sin importar lo terrible de las condiciones, como aquella tarde al borde del Suchiate cuando ella y sus amigas se dejaban llevar unos metros por la corriente y luego se comían unas gallinas recién degolladas.

Los Ángeles migrantes, Rambo y Bilma la trailera

Tenosique, mayo de 2021

A los que no salieron del Darién

1

—Está silencio —dice Graciela.

Coloca la Corona helada frente a mí y apoya las dos manos sobre la mesa para contemplar la calle. Grupos de hombres toman cerveza en otros locales. Expendios de utilería o abarrotes han instalado sus propias mesas sobre la banqueta. Son las ocho de la mañana y se resiente la humedad de la selva, el picorsito de una temperatura que pronto será insoportable.

—Hace unos meses a esta hora no nos dábamos abasto, estaba *así* —Graciela junta las yemas de sus dedos de su mano derecha con dirección al cielo para significar el grado de hacinamiento en su local.

Consulta su reloj de pulsera y suelta un pequeño bufido. Lleva el cabello negro cortado en capas y quemado por la permanente. Es originaria de la Ciudad de Guatemala. Cuando la deportaron de los Estados Unidos, se quedó donde la soltaron: en El Ceibo, el pueblo guatemalteco más cercano a la frontera con México. Su primer negocio fue una carnicería con producto de contrabando, la ayudó a montarlo un hombre mexicano con quien tuvo amores. Ahora tiene este restaurante, recién ampliado porque hasta hace poco la calle era un hervidero.

Bebo un buen trago de cerveza antes de preguntar.

—¿Y por qué ya no viene la gente?

—Porque dicen que con el Biden, allá arriba ya no dejarán entrar a nadie.

—¿Y a poco la gente lo cree?

Graciela alza los hombros. La verdad, como se sabe, es un polígono con muchas aristas y caras. Está el factor Biden, está el factor pandemia, pero también y sobre todo está el factor la Bestia. Hasta hace poco el legendario tren de mercancías que montan los migrantes, también llamado "el tren de la muerte", iniciaba uno de sus recorridos en Tenosique, en México, a una hora en coche de El Ceibo. Pero cerraron aquella estación. Hay quienes dicen que es por la construcción del tren maya, que pasará por ahí y formará otra red ferroviaria. El caso es que ahora los indocumentados con información más sólida prefieren cruzar por La Técnica, otro poblado fronterizo, y ganar unos buenos kilómetros hacia Palenque. Allá tampoco pasa el tren, aún deben caminar hasta Coatzacoalcos, a trescientos kilómetros de distancia, donde por fin pueden aspirar a montarlo. Los albergues siguen esperándolos a lo largo de las vías abandonadas por la máquina, de Palenque a Coatzacoalcos. Les dan de comer y espacio seguro para dormir.

Pero no todos los que suben desde los países del sur buscan el tren. Algunos compran a los polleros paquetes de rutas con desplazamiento sobre autopista. Otros ni siquiera saben qué harán exactamente, solo que primero deben llegar a México, así que toman la ruta tradicional por Tenosique, la que tomaron sus padres o hermanos, la que les dijeron. Otros más ya han venido, ya se la saben por aquí. De modo que se enteran demasiado tarde de que no pueden montar la Bestia en Tenosique.

—¿Y la pandemia no paró a la gente también? —pregunto al tiempo que extiendo mi envase vacío en señal de que deseo una cerveza más.

—No, eso no —responde Graciela—. Al principio sí, pero ya no.

Los negocios al borde de la carretera internacional de El Ceibo están abiertos desde hace un rato, aunque hay poco tránsito. Nadie barre ni trapea, las mujeres no tienen el cabello mojado ni huelen a champú, más bien parece que llevan horas aguardando a los clientes y que bien podrían ser las doce del día. El sol abona a esa ilusión, pues ya está alto y pega con violencia. Nos hace buscar una cerveza fría antes que un nescafé.

Sacan las Corona del congelador. Así logran mantenerlas frías desde las diez de la noche, cuando cortan la electricidad, hasta las ocho de la mañana del día siguiente en que reanudan el servicio de luz.

Dos migrantes jóvenes se instalan en una mesa contigua. Graciela me deja sola para sentarse con ellos. No se escucha lo que dicen, pues se comunican principalmente a través de las pantallas de los celulares. Se pasan de mano en mano los aparatos, leen en silencio, asienten o niegan.

Finalmente, Graciela llama por teléfono a una cuarta persona para decirle que ha llegado el encargo de Fernando y que es para el mismo día. "Son dos piezas", precisa. Luego deja a los muchachos esperando y se va a sentar a una mesa vacía para continuar con sus contemplaciones de la calle.

La siguiente cerveza me la trae Mati, la sobrina de Graciela. Se instala conmigo, dice que se aburre. No soporta el tedio en ese pueblo que se queda sin luz a las diez de la noche. Su tía la mandó traer de la capital en los tiempos, aún recientes, en que se abarrotaban las calles y hoteles de El Ceibo, y entonces no había un solo minuto para pensar. Ahora el tiempo sobra para hacerse mala sangre. No piensa volver a la Ciudad de Guatemala que ha dejado atrás, sino avanzar hacia las luces permanentes de las urbes americanas como todos los que pasan por aquí.

No es frecuente que una mujer pobre regrese a su lugar de origen después de haberse marchado. En su pueblo o barrio ya no son bien recibidas, han vivido demasiado. Las mujeres que emprenden el camino tienen el corazón marcado de aventura, pero también de autoexilio.

Pasan por la calle los mismos hombres en bermudas y gorra, con la mirada buscona. Hay muchos coyotes y pocos migrantes.

Una pareja se mete a la selva a unos escasos cincuenta metros de los barrotes que cortan la carretera y marcan el límite de los dos países. La observo desde mi mesa. La chica porta falda y ninguno de los dos carga mochila. No parecen migrantes. Si los guardias tuvieran interés, también verían desde sus puestos cómo se introducen personas en la vegetación. Pero ni los soldados ni los agentes migratorios voltean hacia la entrada de aquel caminito que corre en paralelo al puerto fronterizo.

Los lugareños cruzan al otro lado, de ida como de vuelta, por ese buen sendero de tierra. Pasan entre árboles, plantas y raíces, con una sombra más agradable que los quinientos metros de concreto, rejas y controles de la garita oficial. Los foráneos sin documentos, en cambio, siguen a los coyotes por senderos alejados, en rodeos más amplios y sobre todo más costosos.

En cuanto se terminan las cervezas del congelador de Graciela me mudo a una pequeña cevichería, calle arriba. Consta de tres mesas cantineras de lámina: la mía, una que está desocupada y otra con las cervezas de dos hombres que entran y salen, afanados en quién sabe qué asunto de coyotaje. Uno trae bermudas de lona tipo militar, el otro unas que son floreadas y parecen traje de baño. Ellos dan la mano a otros coyotes que pasan, intercambian palabras y hasta chistes, a veces se marchan a la sombra de otro local para hablar.

Mi cuarta cerveza de la mañana me anestesia agradablemente. Hay un bebé en andadera que se estrella contra las patas de las mesas y las sillas y que se queda atrapado en las esquinas, sin saber cómo echar reversa y esperando el rescate de su madre, la chica de dieciocho años que me atiende. Decía mi abuelo, un polaco enamorado del trago, que la gente del mundo consideraba bueno dar de beber al pescado que uno se come, pero que nosotros, los descendientes de polacos, además, los metíamos a nadar. Así que pido un ceviche para poner a nadar al pescado en mi panza repleta de cerveza. Es como una tina de burbujas. Este encargo hace desaparecer durante al menos treinta minutos a la madre que prepara el ceviche en alguna cocina trasera y a su bebé.

Entretanto, mis vecinos de mesa meten a un migrante joven y le dan una cerveza. Unos minutos después meten a otro, un señor ya mayor, y esperan juntos los cuatro, hablando lo mínimo. Se arrima a la banqueta una camioneta blanca de llantas gruesas y rines cromados. Por la puerta del copiloto baja una señora obesa, vestida con mallas amarillas, camisa de holanes y sandalias de plataforma con una flor de plástico en la punta. Completa su atuendo con unas gafas de sol imitación Gucci y joyería dorada con brillantes de fantasía. De la parte de atrás bajan dos muchachos vestidos de blanco que se colocan detrás de la silla que ocupó la mujer. Uno le carga el enorme bolso de cuero naranja con molduras de metal. Nadie más viste de ese modo entre el polvo, la pobreza y la selva circundante. Lamento que la música de banda que sale de dos enormes bocinas no me permita escuchar lo que se dice en la mesa vecina. Es obvio que el volumen forma parte de las ventajas del lugar para negociar y cerrar tratos.

Circulan de mano en mano los celulares. La señora truena los dedos, para que le alcancen su bolsa, de la cual extrae dos dispositivos que pasa con breves comentarios. Llegan rápido a un acuerdo. Los migrantes suben a la camioneta sin siquiera terminar sus bebidas. La señora está riendo con su enorme boca pintada de rosa. Se pone de pie y se mete de regreso al vehículo. El muchacho encargado del bolso rodea el coche y se lo entrega una vez que está sentada. Cierran las puertas, suben las ventanas polarizadas, arrancan.

El coyote de bermudas militares, el único de los ocupantes de la mesa que sigue ahí, silba para que le cobren y desaparece también. Son casi las doce y en las inmediaciones de la frontera la acción se está terminando. Algunas cortinas de fierro bajan con estruendo y rechinidos.

2

La casa del Migrante de El Ceibo ha sido bautizada con el nombre de "Belén". Subo la carretera hasta el *"carwash"*, que es un patio de cemento mojado donde, por el momento, no se lavan coches. Sigo las indicaciones de torcer a la derecha por una calle de tierra. Entre las casas de lámina y tabicón veo huacales rotos, latas, triciclos oxidados, llantas inservibles, pero también una vegetación abundante. Es una disputa más entre la suciedad y la belleza, que parece ser la marca de esta región.

Los últimos cincuenta metros hasta el albergue son tan empinados que han sido recubiertos de concreto hidráulico para que suban los coches. Pero no hay vehículos ni alma viva en el lugar. Por las ventanas de las habitaciones veo literas desarregladas, como tras una huida.

Un grupo de hondureños se ha instalado a la sombra de un muro exterior del albergue. Son dos mujeres, un adolescente y tres niños pequeños. Me siento a esperar con ellas. Uno de los críos mama de pie, pues la chichi de su madre sentada sobre el piso le queda a la altura perfecta. La otra mujer se ha recostado boca arriba sobre la tierra suelta para hablar por teléfono, en videoconferencia.

—¿Que me ponga algo en la cara porque asusto? —grita en voz alta—. Oye, ¿y tú crees que esto de migrar es fácil?

Ríen la otra madre y el adolescente. La mujer del teléfono, en efecto, tiene la cara sucia y el pelo enmarañado directamente colocado sobre la tierra. El cuello en V de su playera está vencido y deja al descubierto casi la totalidad del brasier blanco percudido. Tiene la piel quemada por el sol. Se llama Faniela.

Acaba de ponerle crédito a su teléfono para dar noticias a la gente que se quedó en el pueblo.

—Ya estamos en la frontera con México. Aquí se decide si continuamos o nos volvemos —repite a sus interlocutores.

Activa el altavoz para que el resto del grupo se entere de que la comunidad reza por ellos y que el pastor consiguió cincuenta dólares que les va a enviar. Sin embargo, los coyotes de El Ceibo quieren cien dólares por cabeza adulta.

—¡Hasta por Josiel piden cien! —se queja Faniela, refiriéndose al adolescente de trece años.

Narra las aventuras del camino por la bocina. Habla de la noche que pasaron en blanco caminando bajo la lluvia, del paso por un potrero donde los persiguieron unos toros y de la angustia que le provoca cruzar por platanares ajenos y que los tomen por ladrones. Se puede morir de un escopetazo tratando de esconderse de la migra.

Resulta, y es nuevo, que incluso para alcanzar la frontera de Honduras los hondureños tienen que *rodear*, o sea: escabullirse, avanzar por caminos alternos, filtrarse fuera del país sin ser vistos. En un intento por complacer a las potencias del norte, la policía hondureña detiene a la gente sospechosa de querer migrar y la manda de vuelta a su comarca.

Rodear es la palabra clave de la migración sin papeles. *Rodear* es elegir otro camino, más largo y peligroso, incluso más caro. Pero en esa palabra se cifra la posibilidad de llegar a otro lado y de escapar a un destino.

Faniela avienta el teléfono sobre los bultos recargados contra la pared cuando se le acaba el crédito, a media frase.

—Yo no regreso al pueblo —dice a sus acompañantes—, si nos echan para atrás me voy para El Paraíso, pero no vuelvo.

De un zarpazo impide que su hijo le quite al niño más pequeño la piedra con la que juega. El niño arañado se va a llorar detrás de un árbol.

—¿Irán a llegar los del albergue? —pregunto.

—Vaya a saber —dice Faniela y repta hacia la sombra porque el sol le da en el pecho.

—Quizá el albergue está cerrado por culpa de la pandemia… —digo, pensando en voz alta.

—Unos vecinos dijeron que se fueron a misa —añade la madre joven.

—Pero llevamos aquí un buen rato —dice Faniela.

—¿Y ya saben que el tren no pasa por Tenosique?

Se me quedan viendo embobados. Hasta los niños dejan de jugar y me miran. Parece que todo el grupo juega a convertirse en estatua, ni un cabello se les mueve, nos hemos quedado como encapsulados. Hasta que Faniela suelta un bufido y dice:

—Primero vamos a cruzar la frontera y luego vemos. Ya llegamos hasta aquí.

Se acerca por la calle un niño de quizá diez años. Una gorra negra le tapa la mitad de la cara. Levanta la barbilla y por debajo de la gorra sale el dardo de su mirada desafiante.

Sin perderme de vista, como si yo pudiera arrebatarle su tesoro, entrega a Faniela las bolsas de comida que carga. Son piezas de pollo empanizado y papitas.

Tengo ganas de permanecer un rato más allí, digiriendo mi cerveza a la sombra, con vista a los cerros. Pero temo que se sientan obligados a ofrecerme comida. Al despedirme les recomiendo que se dirijan a La 72 en cuanto pisen Tenosique, en México.

—Para allá vamos, si Dios quiere —me dice Faniela mientras defiende las bolsas del hambre de los niños y reparte equitativamente el contenido.

—Yo también voy para allá —les digo ya sobre la calle agitando el brazo en señal de adiós.

Me miran extrañadas, sin idea de qué podría yo hacer en el albergue La 72. Pero vuelven rápido a sus pollos fritos, de cualquier forma se ve mucha cosa rara en el camino.

De regreso por la carretera hacia la garita, unos muchachos me proponen *rodear* en el mismo tono de secrecía con que en otros lugares ofrecen mariguana.

Como ya he visto la vereda que corre paralela al puesto fronterizo, vuelvo a México alegremente por ahí. El siguiente poblado se llama Sueños de Oro. Camino detrás de un hombre que con una mano sujeta a su hijo pequeño y con la otra carga una maleta de rueditas que no logra deslizar sobre la tierra suelta, las piedras y las raíces. Por los claros de la vegetación podemos ver a los soldados que cuidan la frontera, están a tiro de piedra. En su isla de cemento parecen más vulnerables que nosotros, que avanzamos protegidos por los árboles e invisibles para ellos.

3

El albergue La 72 se sitúa cerca de la antigua estación de tren de Tenosique, sobre una calle de tierra que se encharca en temporada de lluvias y levanta tolvaneras de polvo en época de secas. Los recién llegados se avientan al suelo como los maratonistas tras pasar la meta, reventados por el esfuerzo pero victoriosos.

Si aparecen del lado de la cancha de fut, se derrumban junto a las gradas ya ocupadas por un desorden de toldos y hamacas. Hay mucha gente sobre el área de juego, pero ningún balón. Los nuevos se recuperan a la sombra de dos enormes árboles de mango. Los frutos que se podían alcanzar ya han sido cosechados, pero hay ramas finas a diez metros de altura que ni los mejores trepadores pueden conquistar. Sucede que en ocasiones un buen manguito cae al piso. Las conversaciones entonces tropiezan y se suspenden. Por el rabillo del ojo, muchos observan de soslayo el objeto comestible. Algunos realizan un movimiento instintivo del pie hacia el fruto aunque luego se inmovilizan, incómodos. Hasta que un par de personas se deciden y se arrojan sobre el manguito verde. Luego la vida retoma su curso.

Los que llegan desde el otro extremo de la calle, del lado de la pileta de agua, miran primero el espectáculo de los hombres y mujeres semidesnudos que se turnan para lavar ropa. Unos pasos más adelante están las rejas del albergue, frente a las cuales se dejan caer. Se soban los pies hinchados y según se van recuperando observan con más atención lo que sucede a su alrededor.

Todos sonríen aliviados.

A cien metros a la redonda de cualquier albergue no pueden ser detenidos por la migra. Tampoco pueden arrestarlos en las inmediaciones de los centros gubernamentales o internacionales de ayuda a los migrantes y refugiados. En este juego de policías y ladrones hay reglas no escritas como estas. Los policías tratan de impedirles llegar a estas islas de tolerancia, pero una vez que se escurren hasta ahí, los indocumentados tocan base haciendo *safe*.

Una buena porción de quienes arriban a La 72 —no importa que sean niños, ancianos o personas con un solo pie— caminaron los cincuenta y nueve kilómetros que separan El Ceibo de Tenosique. Rodearon por montes y potreros, y a ratos caminaron por la carretera. Algunos marchan toda la noche, otros se recuestan unas horas en construcciones abandonadas o selva adentro para que descansen los niños. Ya ninguno hace el esfuerzo de levantar el pulgar. Los autos pasan veloces sin apenas mirarlos y el transporte público no los deja subir. Ni siquiera los taxis les dan servicio, o solamente a precio de oro.

O se paga coyote o se camina.

Por las veredas algunos motociclistas astutos aprovechan el agotamiento de las familias para ofrecerles una última vez el rodeo. Los rancheros tientan a los que pasan por sus terrenos con un viaje en coche particular a cambio de dólares. Por ahorrarse las últimas horas de un camino tan difícil, habiéndose perdido un par de veces, muertos de hambre y cansancio, algunos terminan desembolsando la misma cantidad que debieron invertir desde el inicio para el trayecto completo.

Cuando los recién llegados a La 72 recobran el aliento y regresan en sí, hacen cola para pedir informes en las oficinas y atención en la enfermería donde los Médicos Sin Fronteras y los voluntarios internacionales les ayudan con las torceduras, picaduras y otros males contraídos durante la travesía.

Más allá de las oficinas, la enfermería y la capilla, o sea: más adentro, empieza la sección a puerta cerrada. Es una nueva modalidad en La 72. Desde el inicio de la pandemia unos ciento cincuenta internos habitan el albergue de manera permanente, aislados del exterior. Los demás, los que no cupieron o no quieren vivir detrás de unas rejas, pasan el día en la cancha de fut y unos minutos antes de las ocho de la noche forman una fila en la calle.

Ingresan uno por uno y muestran el contenido de sus bolsos en el filtro de seguridad. En la capilla caben cien hombres. Las mujeres externas, un puñado apenas, duermen en el comedor.

Los que no alcanzaron lugar vuelven a la cancha de fut. Es peligroso, porque ahí rondan delincuentes, drogadictos y pandilleros. También los que han sido expulsados de La 72 por comportamientos antisociales, como la violencia y el robo. Los migrantes que tienen miedo se instalan bajo las potentes luces de seguridad que iluminan el contorno del albergue. Duermen con las ropas puestas, abrazando sus pertenencias, bajo la fuerte luz que les cae encima y los insectos que los devoran.

4

Solicité permiso para habitar una semana en el albergue como escritora invitada. "¡No soy periodista!", aclaro todo el tiempo, "soy escritora". Mis interlocutores sonríen con amabilidad y mueven la cabeza de arriba abajo para decirme que sí. Para ellos no hay distinción entre ambos oficios.

Dejo mi mochila en el módulo de voluntarios situado encima de las oficinas de La 72. En la habitación de las chicas, en un hueco entre las literas, una joven rapada hace yoga sobre un tapete rosa. Porta audífonos inalámbricos. Cuando advierte mi presencia me dedica la sonrisa amplia y bondadosa del voluntario internacional.

Un vistazo desde ese primer piso hacia la sección de los internos me da una idea del universo aparte al que he arribado. Las familias pasan el rato en paz, como atrapadas en una burbuja con otra densidad que el aire común, más viscosa, donde los movimientos se vuelven más lentos y los sonidos duran más. Podría pasar por un sitio de veraneo, salvo que no se ven trajes de baño ni albercas. Los grafitis y mensajes de lucha política en los muros también desentonan con la idea de vacación.

Un grupo de niños me espera al pie de la escalera. Quieren saber cómo me llamo.

—¿Y ustedes son hermanos? —les pregunto tras darles mi nombre y escuchar el suyo.

Contestan que son solo amigos. El más chiquito me agarra la mano.

—¿Trajiste juegos? —me pregunta.

No tiene más de cinco años, pero ya ha comprendido que en este espacio seguro cualquier persona blanca está bien dispuesta con él, incluso a su servicio. Digo "persona blanca" pero no es estrictamente un asunto de tono de piel. Entre los voluntarios internacionales hay de todos los colores y entre los migrantes de Centroamérica hay mucho güero. Es más bien una cuestión de vestimenta, de corte de pelo, de manera de pararse y andar, de mover el cuerpo por el espacio, es un conjunto difícil de explicar pero evidente. No hay equivocación posible entre quién es migrante y quién es voluntario, ni siquiera los niños dudan un solo segundo.

Les pido que me conduzcan con fray Gabriel. Encontramos al director del albergue ocupado con el arbitraje de una final de basquetbol en la cancha cubierta. Viste bermudas, camiseta, chanclas, y suda a chorros. Se libera unos momentos para darme la bienvenida.

—En la noche te presento a la comunidad —me previene, jadeante, antes de añadir—. ¡Después de la cena habrá karaoke!

Esto último me lo dice con la alegría de quien comete travesuras para el bien de sus protegidos.

—Habla con quien quieras, nos vemos al rato —me dice ya corriendo hacia donde va el balón.

Permanezco en el espacio de convivencia, un amplio patio con mesas y bancas de cemento. Tomo asiento junto a una de las familias que dejan pasar la tarde, un ojo puesto en el partido, otro en sus hijos y el tercero, el ojo invisible del alma, en quién sabe qué rincón de su vida pasada o de su complicado presente. A un extremo del patio se encuentra el edificio donde duermen los varones, en el otro el de las mujeres y los niños. Hay también un módulo especial para las personas LGBT+ y otro para los heridos de gravedad. Ahí se recuperan los migrantes que han sido hospitalizados por caídas del tren o por asaltos violentos. Al fondo de una especie de huerta se sitúa la casita reservada para las mujeres que han sido violadas en el camino.

El techo de la cancha también ha sido recubierto con dibujos que pregonan el amor, la justicia y la fraternidad universal. Al terminar el partido, un altavoz anuncia la hora de la limpieza. Mujeres, hombres y niños toman alegremente escobas, mechudos y trapos, y ponen manos a la obra. El padre de familia con quien he iniciado una conversación se excusa porque debe ir a cortar leña para calentar la cena. Ese hombre me contó que comerciaba con legumbres en un mercado de la Ciudad de Guatemala, donde fue extorsionado. Tomó la decisión de huir con su mujer y dos niños. De él solo recuerdo los labios pelados de tanto mordérselos y las uñas con sangre seca en los bordes.

Ahora circulan los platos con comida. Las familias se sientan juntas, pero los jóvenes hacen bola aparte y también los niños que han formado pequeñas pandillas. Una pareja se turna para cargar un bebé muy grande que casi no se mueve. La mujer come mientras el hombre mece al bebé, y luego él come mientras su mujer sostiene el paquetito de carne. Me entero de que es un niño nacido con hidrocefalia y sus padres van a los Estados Unidos con la esperanza de darle un tratamiento inexistente en Honduras.

Tomo asiento en una mesa con otras mujeres.

—Es bonito tener una vida —opina en voz alta una viejita.

Lo dice al aire, pero es obvio que lo dice para mí. Recibo un plato de arroz, frijoles y un cubito de carne del tamaño de una falange. Sobre la pared de enfrente han pintado un gran corazón del que salen flores, pájaros y las banderas de Centroamérica. Se lee: "Somos humanos, tenemos dignidad, merecemos respeto".

—Sí —confirma otra mujer, con el pelo atado en una gran trenza—. Yo me levantaba a las cinco, arreglaba mis flores y me iba a venderlas. Era muy bonito.

Ella sí me mira a mí.

—Cuando una no trabaja, piensa en cosas más negativas —retoma la primera.

—Es ver las mismas caras todo el tiempo lo que fastidia aquí —interrumpe una tercera mujer. Le crece pelo en la frente casi hasta las cejas.

—¿Qué dices?

—Pues que nos vemos la cara todo el día.

—¡Y no te gusta mi cara o qué! —grita una señora rubia muy maquillada.

Algunas ríen.

—¿No pueden salir para nada? —pregunto.

—A la compra sí, los lunes y jueves de tres a cinco de la tarde —dice la viejita.

—Si usted tiene que ir a arreglar papeles, le dan un permiso especial —precisa la señora de pelo en la frente.

—Eso no es libertad —opina la mujer que añora vender flores—. Pero allá, en nuestro país, tampoco hay libertad cuando la amenazan a una.

Por los altoparlantes se invita a las personas a inscribirse al karaoke.

Las señoras se empujan con el codo para animarse.

—¡Vaya usted a inscribirse, pues, y no moleste! —se queja una mujer que antes no ha abierto la boca, dando un manotazo en la mesa para que sus compañeras la dejen en paz.

Tres internos de dieciséis años se ocupan del sonido del karaoke bajo las directrices de fray Gabriel, que sigue en bermudas.

Apenas cabemos en torno al pequeño espacio techado que se usa como escenario. Los corridos que algunos escogen se corean con ajúas y ayayayayes al estilo mexicano. No hay talento musical, pero a cada valiente se le aplaude y chifla como si lo tuviera.

—Atención —dice al micrófono uno de los adolescentes—: Ahora tenemos una participación muy especial.

Deja pasar un par de segundos para generar suspenso, se escuchan los *shhhhhhh* de la gente que calla a sus hijos.

—¡El próximo participante, señoras y señores, cantará a capela y solicita muy atentamente que nadie le aplauda!

Aparece entonces en escena un haitiano. Delgadísimo, casi azul de tan negro, con un reloj dorado en la muñeca y una cruz de madera sobre el pecho. Toma el micrófono, respira y en un breve instante llena el espacio con la vibración emotiva de su canto. No se comprenden las palabras en lengua extranjera, pero se siente verdaderas, profundas, vitales. Los ojos de los adultos brillan, los niños dejan por un momento de cambiar de piernas a las que agarrarse. El negro canta en creole y luego pide a un voluntario de Canadá que sea su intérprete del francés. Así nos traducen la canción de amor y esperanza que escribió. El público rompe el acuerdo y aplaude con tanto ánimo que el cantautor sonríe, vencido por el entusiasmo de los demás. Luego va a instalarse en una esquina. Se le acercan dos niños, que sienta sobre sus piernas.

—¿Cómo se llama? —pregunto a la señora bajita que tengo junto a mí.

—Ese es Wilson. Es bueno, pero no le entendemos nada.

Al final del karaoke, se anuncia media hora de baile. Son apenas las nueve de la noche.

—Por lo general el baile es solo en sábado —me comenta fray Gabriel con su sonrisa de estar haciendo travesuras—, pero la gente lo necesita.

Los chicos del sonido se transforman en duchos DJ de reguetón. Algunas adolescentes perrean. Forman un grupito aparte, se miran, se copian, se ríen y hacen como que no ven a los muchachos. El resto de la gente exige salsa hasta que obtiene su complacencia.

Cerca de la cocina, alejado de los demás, Wilson el haitiano baila solo mirando a la pared, con un ritmo elástico que no combina con la música y unas risitas tristes que lo hacen parecer un poco loco.

A las diez en punto se apagan las luces y se hace el silencio hasta el día siguiente.

5

Desayuno en la mesa de Bilma la trailera.

—Debes usar todos los sentidos al volante: los ojos, el oído, el olfato, el tacto. Cualquier ruido, olor o vibración fuera de lo normal debes detectarlo antes de que sea demasiado tarde.

Bilma tiene una nariz poderosa y los labios anchos. Todas las mañanas realizaba su "tres sesenta", es decir: la vuelta completa y metódica del vehículo. Controlaba las luces, las refacciones, los niveles de aceite y anticongelante, las bandas, los frenos de servicio, de estacionamiento y de motor.

Los brazos de Bilma no parecen particularmente fuertes, pero se ve decidida. Hay que estarlo porque para atender las contrariedades del camino deben usarse herramientas como el machete.

Su función es cortar ramas para colocarlas sobre la carretera si hay un accidente. Como está prohibido viajar con armas, también se usa para ahuyentar a los asaltantes que aprovechan las largas filas de los tráileres en las aduanas para robar. Lo típico es que los ladrones se aparejan a la cabina con una motocicleta y en un par de minutos se llevan el botín. Pero es posible acabar con ellos si los demás traileros bajan de sus cabinas y se echan sobre los maleantes con sus machetes.

Otro peligro son los propios aduaneros.

—No puedes quitar la vista de tu tráiler mientras lo revisan porque es ahí cuando te plantan la droga —me dice.

Su novia, Ana, asiente tras cada afirmación. Es una mujer de menor estatura y más joven. Una vez que la deja tranquila su hijo, se dedica a la tarea urgente de quitarle a Bilma unas pelusitas del cabello. Luego valida los relatos de la trailera con fotografías que me muestra en su celular. Puedo ver a Bilma junto a su tráiler con el uniforme de la compañía, a Bilma manejando, a Bilma enjabonando los neumáticos con una escoba.

Había otras dos traileras en la zona de libre comercio establecida entre Honduras, El Salvador y Guatemala. Una era compatriota suya y la otra de El Salvador. Los aduaneros siempre le decían cuando acababa de pasar una de ellas, como si se conocieran y fuesen amigas, o como si fuese información necesaria entre mujeres.

Mientras yo quiero averiguar qué tan peligroso es este oficio y anhelo escuchar historias de asaltos, persecuciones, secuestros y narcotráfico, Bilma enfoca su discurso en la conquista de su libertad.

—Decidí demostrar que sí valía como mujer —repite.

La demostración iba para su familia y también para su esposo. Sintió asco por él desde la noche de bodas, pero era demasiado tarde. Ella tenía dieciséis años, y él la embarazó cinco veces contra su voluntad.

—Durante el día yo respiraba, pero cuando llegaba la noche empezaba mi calvario. Él se daba cuenta de que yo no quería estar con él, por eso me pegaba. Casi no me daba dinero.

A escondidas Bilma se metió a trabajar de ayudante en un camión repartidor de agua en su colonia. El chofer del camión se compadeció de sus golpes y moretones, y le enseñó a manejar.

Cuando Bilma sacó la licencia tipo B, empezó a sospechar mucho más en serio "que una de mujer sí podía" y postuló para el primer puesto femenino en los transportes de un ingenio de azúcar. Ellos querían certificarse como empresa incluyente, ella conseguir su independencia. Se llevó la plaza entre más de trescientas candidatas.

—Es que por lo del camión de agua me sabía el truco del doble *clutch* —me explica— y eso impresionó a los instructores.

Tuvo que decirle la verdad a su marido, le dijo que ahora ella iba a trabajar también, en turno de noche. El hombre se las hizo ver negras. Se burlaba. La golpeaba. Exigía comida cuando ella descansaba y luego tiraba el plato al piso sin probarlo. La chantajeó con los hijos y la familia, pero al final se "dejó dejar". No como el marido de Ana, quien la mandó matar cuando supo que lo abandonaban por el amor de una mujer.

Ana levanta su camisa para que yo vea la herida que le atraviesa la panza de lado a lado. El asesino a sueldo había fallado, pero el marido le juró por teléfono que no fallaría dos veces. Huyeron en cuanto Ana salió de cuidados intensivos. Esto sucedió justo unas semanas antes de que obtuviera su diploma de enfermería.

—Ella será enfermera, aunque no sea en Guatemala, sino en México o en los Estados Unidos. Yo le digo que sí puede, que como mujer se puede todo —afirma Bilma mientras Ana me enseña sus fotos en traje de combatiente del covid.

Esta es la historia de cómo había tres traileras en Centroamérica y ahora solo quedan dos, y de cómo la enfermera Ana nunca más recorrerá los hospitales de su país para aliviar a los sufrientes. Lo hará en otras geografías y hasta en otros idiomas.

—Cuando veo restaurantes de traileros en la autopista, me quiero parar —le digo a Bilma—. Pero no me atrevo.

—Si tú saludas al entrar, nadie te va a molestar —me asegura—. Te tendrán respeto por ser educada. Casi todos son buenos hombres.

—Si hay traileros es que la comida está bien rica, ¿no?

Bilma se ríe.

—¡No es que la comida esté rica! Lo que pasa es que son restaurantes donde hay espacio suficiente para estacionar.

El hijo de Ana vuelve y trata de arrebatarle su yogurt bebible.

—¡Es mío! —ruge la madre—. Ya tuviste el tuyo, hijo, déjame disfrutar también.

Tras una mirada implorante, pero inútil, el niño se va a buscar algo más que hacer con el amigo que lo acompaña, un muchachito de ojos verdes.

—Es típico de los varones —dice Bilma—, que agarren una bajada y piensen me voy palanca al centro. Jamás hay que hacer eso porque quemas los frenos. Debes controlar la velocidad con motor. Las mujeres siempre manejan mejor —concluye— son más responsables.

Un voluntario procedente de Argentina se acerca para informar que las espera el chofer. Van a realizar un ultrasonido de la herida de Ana, pues cada día aumenta el dolor. Sospechan que el cuchillo que la quiso destripar lastimó un tejido diferente a los analizados hasta entonces.

Se marchan Bilma la grande y Ana la chiquita, y el aún más pequeño hijo de esta última, el único que pudo traerse consigo. El niño de ojos verdes toma asiento junto a mí. Ya nos conocemos. Se llama David. Migra a causa del huracán Iota que le destruyó su casa y la cosecha. Platiqué con su madre, tienen ambos los ojos del mismo color helecho tierno. Supe que primero se refugiaron en Tegucigalpa, en casa de una tía abuela. Ahí estaban bien, a pesar de la pobreza. El problema fueron los vecinos. La hija de estos, de ocho años, se rompió el brazo jugando con David. Hubo que pagar las radiografías, los médicos, las terapias, todo en hospitales privados y carísimos. Los vecinos no se conformaron con eso, sino que exigieron una mensualidad para los gastos de la niña. Amenazaron por teléfono y mandaron a pandilleros a amedrentar. Les decían que los iban a matar si no pagaban. Sin un solo centavo y nadie que les pudiera prestar, David, su madre y su tía abuela tuvieron que migrar para escapar de la extorsión.

—¿Quieres jugar Batalla? —le pregunto.

Asiente con la cabeza, la baraja sí le gusta. En este juego no se pueden romper los brazos de nadie y David se divierte así durante horas, olvidado del resto.

6

En la década de los noventa, viajeros que llegan del sur, tocan a la puerta de la Iglesia católica. Es fray Tomás quien los recibe. Algunas doñas de la parroquia le ayudan a atenderlos, le preparan ollas de frijol, caldo y arroz.

Año tras año, en números cada vez mayores, los migrantes se acercan a la iglesia pintada de azul en el centro de la ciudad. Han cruzado la frontera clandestinamente y vienen destrozados, pero con una fe descomunal y la gran esperanza de alcanzar los Estados Unidos.

Pronto son tantos que ya no caben en el atrio. Además, la masa creciente de personas trae narraciones cada vez más terribles de lo que sucede en el camino. Pero en la ciudad nadie habla de esto, parece que nadie los ve.

Un día de los años 2000, fray Tomás piensa: "Vamos a aprovechar la Semana Santa para que los vean. Vamos a organizar un viacrucis migrante".

Los tenosiquenses tienen la costumbre de salir a la calle en Viernes Santo a ver cómo unos hombres con togas romanas azotan a otro disfrazado de Jesús de Nazareth. Ese año los sorprende un nuevo viacrucis, paralelo al oficial, donde los migrantes representan su calvario en trece estaciones. Los ciudadanos ven pasar en sus calles a los desplazados de América.

La estrategia funciona. La ciudad consigue un espacio más apropiado y digno para acoger a los migrantes de los países del sur. Remodelan un antiguo comedor para indigentes cercano a las vías del tren y se lo entregan a fray Tomás.

Sin embargo, la inauguración de la casa refugio La 72 en 2010 se resiente como una victoria agridulce. El albergue se sitúa en la periferia de la ciudad, lo cual significa que los migrantes ya no circularán por las calles del centro. Se marcharán con el primer tren, sin molestar y, de nuevo, *sin ser vistos*.

Fray Tomás piensa: hay que continuar con los viacrucis, que los tenosiquenses no se olviden.

En 2014, un año en que la violencia en El Salvador desplaza a cantidades bestiales de gente, decide organizar un viacrucis más largo que inicia del lado mexicano de El Ceibo, en una población también conocida como Sueños de Oro. Los migrantes de fray Tomás, el mismo fray, los voluntarios de La 72 y la prensa internacional avanzan a pie por la carretera rumbo a Tenosique, a dos días de distancia bajo el sol desesperante de abril. Esta vez se trata de que el mundo entero *vea*.

Según avanza, la columna va engrosando con los migrantes que ya están en camino y se unen espontáneamente a una caravana que encabeza un hombre con sotana y cordón de San Francisco. A lo largo del recorrido, los habitantes salen de sus casas para ofrecer agua y comida a cambio de unas bendiciones. Y miran, ahora sí que miran a los viajeros. Algunos aseguran que esta es la madre de todas las caravanas migrantes.

El viacrucis debía concluir en Tenosique, con los migrantes montando la Bestia ante las cámaras y diciendo adiós con la mano. Pero las autoridades cancelan el tren hasta nuevo aviso. La caravana enfurecida decide continuar hasta la siguiente estación, en Palenque, a otros dos días de marcha.

Ya son más de mil.

En Palenque los esperan las hermanas vicentinas de la Casa del Caminante Samuel Ruiz García Jtatic, igualmente situada cerca de las vías. Tampoco hay tren. Están listas para partir, ellas y la población migrante que hospedan, hacia Emiliano Zapata. Los recién llegados pernoctan en el patio, cantan y rezan, y a la mañana siguiente salen en dirección a Veracruz siguiendo la vía férrea. Hacen sonar la grava gruesa con su marcha.

Como los nudos que unen las sábanas con que se evade una princesa de una torre, así son los albergues construidos a lo largo de la línea del ferrocarril. Jalonan la ruta migrante, le dan estructura, firmeza. En cada uno de estos albergues, los religiosos han sido advertidos y esperan a la caravana de fray Tomás con la comida lista. Luego cierran las puertas del changarro para unirse a la columna. Llegan a la ciudad de Veracruz varios miles de personas.

A partir de ahí todo sucede rapidísimo. Las autoridades rentan autobuses para transportar a los migrantes directo a la Ciudad de México. Fin del problema en Veracruz. En la capital, el congreso en pánico vota por unos salvoconductos de emergencia y en un tris los integrantes de la caravana alcanzan el norte del país. Luego cruzan a los Estados Unidos.

Es una excepción. No habrá de repetirse.

La policía desmantela la siguiente caravana en cuanto inicia su recorrido, entre Sueños de Oro y Tenosique. Pisan al pajarito en cuanto sale del huevo.

Y fray Tomás, que ya tenía enemigos, ahora tiene muchos más.

7

La primera noche en La 72, cuando fray Gabriel me presentó a los internos como una escritora visitante, advertí la intensidad con que me miraba un muchacho con estilo cholo, peinado *undercut* y ojos pequeños de ratita alerta. No suelo llamar la atención de chicos tan jóvenes, así que me sentí halagada. Balbuceé unas palabras en el micrófono y la gente aplaudió. Por lo general están tan aburridos que celebran cualquier cosa. Además, les traje panqué marmoleado del Walmart. Cuando volví a mi lugar entre los internos, el chico me siguió con la mirada y esta vez se la sostuve.

Lo observo a la distancia los días siguientes. Vende a veinte pesos pulseras de hilo que teje en una mesa del patio, la que ocupan los jóvenes de su edad. Se turnan el acceso por cable a una bocina donde escuchan a sus reguetoneros favoritos. Ponen cara de malandros sin alcanzar a serlo porque el tabaco y el consumo de alcohol están penados con expulsión.

Pero más raro que tejer pulseras es el hecho de que Ángel se pasee con un ejemplar de *Rebelión en la granja*. Los libros son objetos insólitos entre migrantes, con la excepción de las pequeñas biblias de viaje. En ocasiones, Ángel hace recostar a los niños junto a él, bajo la mesa, y les lee su libro en voz alta.

Nuestro encuentro se da una mañana en la capilla. Un grupo de voluntarios airea las colchonetas. La mayoría de los externos ya salió, pero algunas personas aún pierden el tiempo en la capilla o afuerita, en los bancos de madera que la rodean. Daisy, por ejemplo, toma asiento cada mañana para cepillarse el pelo y maquillarse con la ayuda de un espejito.

Aún se percibe el olor agrio que han dejado los cuerpos.

Me paro junto a Ángel.

—¿Es usted escritora? —me pregunta.

Respondo afirmativamente.

—¿Y ha publicado muchos libros?

—No muchos —reconozco.

Estamos de pie ante el muro de las setenta y dos cruces.

—¿Sabes qué son estas cruces? —le pregunto a Ángel.

—Sí, de hecho —dice con la cabeza baja, como si le diera vergüenza a él.

Representan a los setenta y dos migrantes fusilados en 2010, en Tamaulipas. Están pintadas con los colores de alguna bandera, sea de Guatemala, Honduras, El Salvador, Brasil o Ecuador y portan nombres. Unas cuantas, sin embargo, están solamente cubiertas con pintura blanca. Corresponden a los cuerpos sin identificar. No se sabe por qué los mataron, si fue porque se negaron a trabajar, porque sus familias no pagaron el rescate o porque conspiraban para escapar.

Mejor nos salimos de ahí. Afuera, nos detenemos ante el gran mapa de México que muestra las rutas de la migración que atraviesan el país de abajo hacia arriba. Además de las casitas y las tazas que sirven para ubicar a los albergues y los comedores para migrantes, aparecen tres iconos más: billetes verdes —que señalan los puntos donde se cobra un derecho de paso de alrededor de cien dólares—, pistolas —para dejar claro en qué lugares se secuestra, asalta y viola— y puntos rojos que significan "peligro" en general.

—La vez pasada que crucé traía un cuaderno y anotaba lo que veía, pero lo perdí —retoma Ángel.

Venía montado en la Bestia cuando un ventarrón le arrancó la mochila.

—¿Has perdido muchas cosas?

—Oh, sí.

Millones de objetos perdidos se mezclan con el lodo y el polvo de los senderos. Calcetines, muñecas, carritos de plástico, rastrillos, agujetas, adornos para el cabello se quedan en la selva, los cerros y los desiertos como una huella de la humanidad en fuga.

—¿Es difícil escribir un libro? —pregunta Ángel.

—Para mí, sí. ¿Quieres escribir uno?

—De hecho.

—Mira —digo de súbito, inspirada—, tienes que exagerar las cosas. Una chica hermosa en tu relato debe ser hermosísima, el fuego debe ser tan grande que se vea desde la galaxia de junto o tan pobre que parezca un hombre flaco. Si viste a un tipo feo, ¡dinos que es el más feo del mundo!

Claro que esto es falso, o al menos no totalmente cierto. Pero mi intención es más bien sacarle la risa y lo consigo. Me dice que, de hecho, conoce a los tipos más feos del mundo.

Cruzamos hacia el área reservada para los internos y tomamos asiento en una de las mesas del patio. Ángel ha aceptado contarme su historia de migración.

Donde fue el karaoke unos voluntarios preparan las actividades del día contra la discriminación LGBT, que cae justo en esta fecha. Extienden guirnaldas con los colores del arcoíris y pegan carteles. En la cancha de básquet los niños toman clase con maestras estadounidenses. A lo lejos veo pasar a Wilson, el haitiano.

Desde la primera frase de su relato, Ángel desdeña mi consejo narrativo de la hipérbole.

—Soy un chico normal que sueña con llegar un día a los Estados Unidos. Más que nada para sacar a la familia adelante.

Eso no me parece normal a los veinte años. Está en su tercer intento por llegar a los Estados Unidos desde Honduras. Le tiene un cariño particular a la Bestia.

—A veces sueño que ya estoy montado encima.

—¿La extrañas?

—De hecho. Ya quiero verla otra vez. Pero ya no pasa por aquí.

Si sabes montarla, la Bestia te lleva. Si no, te devora. Es una máquina honesta.

—Sabe —me dice Ángel—, ahí montado se ven los paisajes más bellos que existen en este mundo.

En su primer viaje, caminando por Guatemala, Ángel se hizo de un amigo que no soltaba su limpiaparabrisas. En todas las ciudades que atravesaron juntos, el chico pulió los vidrios de los carros para sacar unas monedas. Decía que el limpiaparabrisas era su boleto a Monterrey. En el vagón de la Bestia donde encuentran sitio, un viejo repite a quien quiera escuchar que el tren le quitó una pierna, pero que el mismo tren lo llevará adonde se ponen piernas nuevas.

Al salir de Palenque, en una maniobra brusca de la máquina, el chico del limpiaparabrisas cae.

—Lo partió el tren —dice Ángel con simplicidad.

Él sí llegó a Monterrey donde trabajó en una carpintería por dos años, sin papeles. Lo alcanzaron sus hermanos, cuñadas y sobrinos. A la mesa siempre hablaban de cruzar a los Estados Unidos, así que fueron juntando dinero para los polleros. Dos veces pagaron el viaje y las dos veces fracasaron, los echaron de vuelta. Por eso Ángel intentó el cruce a nado por Piedras Negras. Lo agarraron poco después en Eagle Pass, en Texas, y lo mandaron de regreso.

—Los gringos me dejaron en el puente "uno" de Piedras Negras. Tenía mucha hambre y nada de fuerzas para tirarme de nuevo al río. No tenía dinero para comprar comida, de hecho.

Un voluntario de la Ciudad de México se pasea por el albergue con tacones altos y un *body* donde ha colocado dos globos para simular unas *boobies*. Nos entrega el programa del día LGBT.

—Apenas bajé del puente, que me agarra la Scooby-Doo —continúa Ángel.

Con ese nombre se refiere a la minivan negra de Fuerza Coahuila. Rebautizaba el mundo con apodos. A uno de sus hermanos lo llama el MacGyver, porque lo sabe todo, y uno de los compañeros de su más reciente migración es el Pantera Rosa, por lo lento que caminaba.

—Cuando volteábamos, él ya era un puntito en el horizonte. Había que sentarse a esperarlo. Por acá anda, el Pantera Rosa —me dice.

Echa una mirada rápida hacia las otras mesas, la cancha y la cocina abierta, donde algunos internos preparan los alimentos del mediodía.

—¿No es ese el Pantera Rosa? —digo, señalando a un muchacho negro con rastas cortas que se acerca.

—No, ese es Alex. Es garífuna, de la zona de donde vengo.

Alex le trae el pedazo de cartón que usa como exhibidor de pulseras. Lo ha rescatado de las garras de unos niños que andan sueltos, pues la escuelita con las gringas no es obligatoria.

—Pero ¿eres garífuna? —pregunto a Ángel.

Se ríe, niega con la cabeza. Los garífunas son los caribes negros, con lengua y costumbres propias, y él no es negro. Pero su padrastro sí. Se fueron para la costa cuando su verdadero padre volvió deportado de los Estados Unidos. Decía que fue a causa del robo de un jabón. Empezó a pegarle a la madre por no esperarlo y vivir con otro hombre, al hermano mayor por tener un tumor de nacimiento en la cabeza y a Ángel por no saber leer.

—Es que era bien burro para la escuela.

—¡Pero ahora te gusta leer!

—Sí, de hecho —dice Ángel, pero esta vez no ríe.

De repente, me dice:

—Solo podías hacer como el pollo: comer, cagar y dormir en tu sitio.

Me está otra vez hablando de Piedras Negras. Me da lujo de detalles, muchos más que de su migración hacia arriba. El recuerdo del encierro y la deportación le escuecen más. Pasó quince días en una celda de ocho metros cuadrados, donde amontonaron hasta a cincuenta presos. Con ellos llenaron un autobús para Saltillo, donde esperaron otros quince días, pero ahora en veinte metros cuadrados. Más a gusto, la verdad. De Saltillo los mandaron a Acayucan en Veracruz donde durmieron a cielo abierto en unas canchas de fut enrejadas. Se veían las estrellas y había espacio para echar para arriba. Después de otras dos semanas de espera, los devolvieron en buses hasta Honduras, sin escalas.

Los itinerarios de los migrantes me recuerdan a un tablero de "Serpientes y escaleras". Los jugadores avanzan con un dado hacia la meta, casilla a casilla. En algunas se topan con el pie de una escalera que les permite subir muchas casillas de un solo golpe de suerte —eso es un *ride* en coche, un buen lugar en la Bestia o dinero hallado en el camino—, pero en otras casillas se topan con una cola de serpiente que es un tobogán hacia abajo, a veces hasta el punto de inicio. En los tiempos de la India antigua, de donde proviene el juego, la meta se representaba como el cielo, las escaleras simbolizaban las virtudes y las serpientes, los vicios. Era tradición que hubiera más serpientes que escaleras como un recordatorio de que es más fácil caer que subir.

La gran mayoría de los deportados, devueltos a la casilla de inicio, tiran los dados de nuevo y reinician su camino hacia el cielo.

Ángel es de esos.

—¿Y cuál es tu plan ahora? —le pregunto.

—Pedí el asilo. Estoy esperando. Luego me voy en autobús hasta Monterrey.

—¿Y la Bestia?

Ángel se queda pensativo antes de contestar:

—Está demasiado peligroso salir a pie.

Tenosique, antaño primera estación del tren, se ha convertido en una ratonera. Se necesita mucho dinero para salir rodeando, hay filtros de migración en cada puerta de la ciudad. Un conocido suyo intentó rodear sin coyote y regresó sin un brazo. Otros que se lanzaron al cerro no volvieron a dar noticias. Ángel tiene buenas razones para creer que están muertos.

—Voy a regresar —dice después de otro silencio—. Me gustaría visitar Cancún. ¡Igual vuelvo de turista!

Se entrega a una de sus risas largas y saltarinas de cabrita.

Tiene una hija de dos años nacida en Monterrey. La conoce solo por videollamada. También por eso decidió tramitar los papeles de asilo en México, para reconocerla legalmente.

—¿Por qué no te quedas en Monterrey?

—Es que tengo que llegar a los Estados Unidos, por mi madre.

Cuando llegaron a la costa desde la capital, huyendo del padre deportado y colérico, la madre de Ángel se puso a cocinar las típicas barras de coco que compran los turistas. Se hacen con fuego de leña y el resultado es que ahora tiene los pulmones llenos de humo, a veces no puede respirar.

—Con el dinero de esas barras yo fui a la escuela —dice Ángel—. Ahora necesito dinero para que la atiendan en el hospital.

Por el micrófono una voluntaria convoca a la conferencia con el tema "Identidad, sexo y género".

—La escuela no sirve para nada en mi país —dice Ángel.

Le compro una pulsera. Escojo una de colores con un dije de San Judas Tadeo. Pago los veinte pesos. Ángel insiste en regalarme otra, de hilo negro, que es el color de mi ropa, con un ojo de Fátima. Me anudo con su ayuda las dos pulseras de protección, la católica y la semita.

8

La primera vez juras que estás escuchando el rugido de un tigre o de un jaguar.

—Madre mía, pensé, ¡ahora sí me van a comer!

Rambo habla a gritos, recargado contra la pared externa de la capilla. Se siente en territorio seguro y quiere llamar la atención. Hincha el pecho como gallo. Sus dos hermanos, mucho más jóvenes, sonríen con inseguridad. También escucharon el rugido de los changos saraguatos en la oscuridad, cuando rodeaban por el monte para llegar a Tenosique. También tuvieron miedo.

Rambo se sienta para quitarse el botín y la calceta mugrosa. Su tobillo tiene la talla de un balón. Se torció el pie cuando los perseguía la migra con linternas, monte adentro.

—Más miedo me dieron esos changos, ¡madre de Dios!

El hielo se agotó en la enfermería, así que le consigo unos cubitos en el refri de los voluntarios.

—¿También es un problema viajar de los Estados Unidos a Honduras sin papeles? —pregunto a Rambo.

—Qué va. ¡Para abajo vamos que nos chifla el pelo!

—¿Extrañas algo de Texas?

—Sí, mi casa. Y mis gringas. Las viejecitas, las adoro.

Rambo es del tipo de hombre rudo pero dulce; se ata el cabello decolorado en una coleta, sus brazos musculosos salen de una camisa Rinbros sin mangas.

—A ver, ¿cuánto tiempo estuvo *papi* entubado en el hospital? —pregunta a sus hermanos.

—Como seis meses —responde el más joven.

—¿Ven? Por eso hay que trabajar, ¿o quién va a pagar cuando estén enfermos?

Los hermanos hacen como que no oyen, pero es probable que en algún lugar de sus corazones van guardando las lecciones de Rambo.

—Y mami ni siquiera ocupó tanque de oxígeno, a Dios gracias —me dice a mí.

De oficio, Rambo es reparador de *rooftops* en Texas. Pero si sus clientas necesitan trabajos de plomería, pintura y electricidad, él las ayuda. Enfurece al recordar la muerte de una de sus viejecitas por culpa del hospital. Se le pone roja la cara y muy blanca la piel en torno a las raíces del pelo.

—Parece que las matan, ¡y con tanto dinero! Del solo covid se me fueron dos.

Sus brazos musculosos y bronceados ostentan un tono naranja sospechoso, de bronceado artificial.

—¡Y los perritos! Se les congelaron en la helada de febrero, no es de Dios.

—Yo por eso me voy a Canadá.

Eso lo dice Leonel que recién llega a la conversación. Es un nica con el que los hermanos hondureños han hecho migas. Leonel tomó las armas en 2018 contra el gobierno de Ortega. Tres años estuvo escondido en el cerro y está cansado. La mayoría de sus compañeros ya vive en los Estados Unidos. Pero él quiere ir más arriba.

—Es que allá no se escucha de asesinatos ni de muertes. Busqué en los periódicos y nada. Los pajaritos, los árboles, eso es muy bonito, quisiera vivir junto a un lago. ¡Cómo me gusta eso!

Leonel aprovecha que estoy ahí para llevarme aparte y contarme que su madre puede enviarle mil quinientos dólares cuando él lo pida. La cosa es que no sabe si contratar de una vez un coyote para ir en carro privado hasta Monterrey o bien avanzar por sus propios medios y usar ese dinero para pagar el cruce al otro lado. No sé qué aconsejarle.

Una de las abogadas que orienta a los recién llegados sale de su oficina para arrear a los migrantes que pierden el tiempo en las bancas, como nosotros. Quiere que esperen afuera, en la cancha de fut. El ingreso de los externos es a las ocho de la noche, explica de nuevo a cada grupito. Rambo pone de pretexto su pie hinchado, dice que lo estoy ayudando con hielo, dice también que lo estoy entrevistando, lo cual es novedad para mí, pero sobre todo le hace ojitos a esta mujer severa y le funciona: lo dejan tranquilo.

Me guiña el ojo, feliz. Revisa sus pantalones y con un gesto del pulgar y el índice manda a volar a un insecto que descansaba sobre un pliegue de la mezclilla. Trae un cinturón vaquero con hebilla plateada.

Ni él ni sus hermanos cargan mochila, para no parecer viajeros, sino ciudadanos que acaban de salir de casa, con las manos en los bolsillos. Rambo se recuesta cómodamente en el muro que tiene detrás, como un pastor que vigila a sus ovejas al amparo de un árbol.

—No había vuelto a Honduras en doce años —me cuenta—, a estos chiquillos los dejé recién nacidos. Pero cuando mi papi enfermó, ni me la pensé.

Se acaricia los brazos. Caigo en cuenta de que tiene las cejas depiladas y decoloraciones en el rostro, como un vitiligo naciente.

—Él me apoya desde que estaba güirro. Me fui a vivir a la calle, pero él igual iba y me daba dinero. Estuve en la cárcel, pero él fue y me sacó. Me dejó ahí un año y medio, para que aprenda la lección, pero luego pagó un abogado para que me saque.

Rambo me muestra la cicatriz que le dejó un cuchillo en el costado. Tuvo que apuñalarse con un hombre que golpeaba a una mujer. "Eso no lo puedo permitir", dice. "Pero fui a dar preso".

La abogada sale de nuevo de su oficina, Rambo la saluda con la mano. Ella desvía los ojos, retrocede, desaparece tras su puerta.

El mismo papi que lo sacó de la cárcel le dio permiso de matar a un *man* que asesinó a una familia entera porque no le pagaban la cuota.

—Eso no es de Dios —asegura Rambo—, un *man* así, no debe vivir.

Las decoloraciones del rostro se vuelven más evidentes y se le hinchan las aletas de la nariz.

La vez que mató a ese *man* con el beneplácito de su papi, Rambo no fue a la cárcel, porque hasta los policías estaban de acuerdo en que había hecho justicia.

—¿Conoces a Don Quijote? —le pregunté.

—La verdad no. ¿Quién es?

—Es un caballero de la vieja España. Va cabalgando por todo el país con la armadura puesta, buscando niños y mujeres en apuros para defenderlos.

—Ha de ser un buen hombre entonces.

9

Arribé a La 72 en una camioneta rentada. Había reservado un sedán, pero se acabaron antes de que mi vuelo aterrizara. El agente de la compañía jamás comprendió mi resistencia a llevarme un mejor coche por el mismo precio. No hubo de otra, así que me alejé del aeropuerto de Villahermosa en una camioneta blanca como las nubes y de rines resplandecientes.

La estacioné detrás de la pequeña carcacha de fray Gabriel. Era tan enorme en comparación, y con un diseño tan agresivo, que parecía estar a punto de abrir las fauces para tragarse al cochecito.

Cuando dos días más tarde salgo con ella para un viaje de ida y vuelta a Villahermosa, me encuentro con que Rambo y su clica pierden el tiempo junto a las rejas del albergue.

—¡Les invito una cerveza junto al Usumacinta!

Parece que no me reconocen al volante de un coche.

—¡Vamos por un chapuzón al Usumacinta! Ándenle.

Se rompe el encanto que los petrificaba y los cuatro ingresan al vehículo casi corriendo. Le subo a la música, el sol brilla y la vida parece fácil. Nos movemos al ritmo del reguetón con las ventanas abiertas y el aire a *full*. Pero no encontramos changarros que sirvan cerveza a orillas del río.

—Mejor compramos unas latas y nos sentarnos con ellas al borde del agua —les propongo.

Solo cuando me estaciono frente al Modelorama, Rambo expresa sus dudas:

—Pero ¿y si viene la policía?

Buen punto, ni siquiera tienen papeles. Miro el reloj. En realidad no tengo tanto tiempo. Me los llevo a un restaurante de mariscos más al centro, donde cené alguna vez. Entro con paso decidido pero ellos flaquean. Se detienen en la puerta, no se atreven. No me importa, muero de sed y los espero en una mesa para seis, donde me alcanzan muertos de la pena.

—Mire cómo nos están viendo.

—¡Nadie los está viendo!

—Sí, hasta dejaron de comer, mire.

Ni ellos logran convencerme de que los miran, ni yo a ellos de que no es así. Se sientan con la espalda redonda, enconchados. Los veo tan frágiles, de pronto tan desplazados, tan sin derechos. Pido las cervezas y nos las tomamos de un solo trago.

—¡Qué cuadro! —dice Rambo—. Ya los vinimos a molestar.

Los obligo a tomarse la siguiente ronda igual de rápido que la primera porque ya se me hizo tardísimo, y salimos casi corriendo al aire libre. Se relajan de inmediato, vuelven a ser ellos mismos.

Los deposito en una placita donde quedaron de encontrarse con una mujer que les entregará un dinero. Fueron dos días de llamadas y mensajes para conseguir esa transacción desde Honduras. Estoy al tanto de sus dilemas y planes. Quieren rentar un cuarto para no dormir en la cancha de fut otra noche. No saben si pedir el asilo aquí mismo en Tenosique y esperar los papeles. No saben si hay trabajo aquí. Necesitan conseguir más dinero para continuar el camino. Los escucho hablar, pensar, discutir, pero no sé qué decir. Les deseo buena suerte. Me arranco hacia mi destino cuando veo por el retrovisor que me hacen señas.

—¿Y si nos da aventón a Villahermosa?

Esto me lo pregunta uno de los menores, pues Rambo no pide favores.

Lo pienso un par de segundos. Es una buena idea. Ellos se ahorran muchos kilómetros y yo me gano compañía y diversión para las tres horas de autopista.

—¡Súbanse!

Nos detenemos por un *six* de cerveza para el camino y no prestamos ninguna importancia a los sacos de arena a la salida de la ciudad, detrás de los cuales se pertrechan unos soldados.

El léxico hondureño es cosa seria y aprovecho para ensanchar mi vocabulario.

—¿Traila?

—Esas casitas móviles.

—¿Pulpería?

—Las tienditas donde venden comida y cosas.

El primer retén nos agarra por sorpresa.

Rambo va de copiloto. Intenta seguir con la historia de unos palos de coco que plantó detrás de la "trucha" de la colonia y que sus hermanos conocen. Es obvio que los pasajeros de atrás ya no escuchan nada, el ambiente dentro del coche es denso como el ámbar. Yo trato de seguirle la corriente.

—¿Trucha?

—La tiendita.

—¿No era pulpería?

—También. Es lo mismo.

Con la mano hago un hola distraído al soldado, sin mirarlo ni bajar la ventana, y me sigo de frente.

Una vez librado el obstáculo, hasta Rambo se calla por unos instantes. Qué miedo tuvimos.

—¡Quítense las gorras que parecen migrantes! —sugiero por el retrovisor a los de atrás.

—¡Gracias! —exclama Rambo, el único que no usa gorra. Siempre agradecía cuando consideraba que alguien le daba la razón, aunque él no hubiera expresado nada—. ¡Lo vengo diciendo desde que salimos de Honduras!

Los retenes en las carreteras no eran algo nuevo en nuestro país. Toda la vida han estado ahí con el pretexto de controlar el paso de armas y drogas. La novedad es que ahora hay una perrera del Instituto Nacional de Migración en cada uno.

Cuando viajaba con mis amigos de la prepa a las playas de Guerrero o de Oaxaca, íbamos a las vivas con esos puntos de revisión militares. Éramos superpachecos. Pero hace tanto tiempo que no fumo mariguana que en mi primer trayecto de Villahermosa hacia Tenosique ni siquiera me percaté de que había retenes.

Nos deshacemos de las latas de cerveza vacías en la primera gasolinera y compro agua para todos. La conversación vuelve poco a poco a su cauce natural, que es la emoción de viajar a gran velocidad por una carretera. Por la ventana desfilan los potreros bien cuidados.

—¡Qué belleza! Aquí sí que hay dinero —exclama Leonel.

Proviene de región ganadera y opina que hasta los animales son más bonitos de este lado.

—Los de aquí nacieron becados —dice Rambo cuando aparecen unas casuchas construidas al borde del río. Del lado de la carretera, los habitantes venden pescados secos atados a unas perchas.

Pasamos por un segundo retén y luego un tercero, que es la aduana de Dos Bocas. Rambo trata de tranquilizarme, a él nadie lo agarra, me asegura. Si se complican las cosas, dice, él saldrá corriendo del coche. Aún no ha nacido un policía capaz de darle alcance. Y a sus hermanos los rescatará de dónde sea.

—Soy Rambo —dice.

En Dos Bocas, sin embargo, no parece fácil escapar. Se pasa entre muros de concreto muy altos, hay topes, plumas y barreras con gente armada. Quién sabe qué cálculos hace cada uno de nosotros en el gran silencio dentro del coche. Yo me pregunto si me acusarán de tráfico de personas y si los tres mil pesos de viáticos que llevo en la bolsa serán suficientes para que nos dejen en paz.

En total libramos cinco retenes. Los dos últimos suceden bajo una lluvia torrencial, así que solo pasan a revisión los buses y las micros, que deben formarse en un carril aparte, cerca del techado precario donde se guarecen los soldados.

Cuando al fin entramos triunfantes a Villahermosa, lo hacemos gritando: "¡Coronamos!", una palabra de ellos para decir victoria.

Reaparece el sol entre las nubes negras.

—Ya puso la venada —dice Rambo señalando el arcoíris.

—¡Coronamos! —volvemos a gritar.

—¡Macizo! —confirma el hermano más joven que toma el video de la entrada a la ciudad.

Los deposito sanos y salvos en una banqueta y continúo mi camino. Han llenado el coche de feromonas de hombre joven. Me consuela pensar que tienen buenas chances de filtrarse entre las redes tendidas para atraparlos. O, por lo menos, mejores chances de salir bien de los secuestros, aprisionamientos y emboscadas que resultan mucho más traumáticas para las mujeres y los niños.

Por la noche, me mandan una foto de los cuatro recién bañados y recostados sobre una cama *king size*. Apenas cabe el mueble en el cuarto de hotel que han alquilado. Los más jóvenes traen una simple toalla a la cintura. Se ven felices.

10

A la vuelta de Villahermosa me encuentro con La 72 cerrada por una alerta covid. Han aislado a la familia infectada en un edificio aparte y el resto de los internos está en observación.

Dejo en la entrada las Coca-Colas con las que prometí volver. A través de los barrotes algunos niños me tienden el puño para hacerme el saludo pandémico. Veo a lo lejos que los internos ahora portan cubrebocas. Por lo habitual, nadie respeta esa regla en los albergues. La gente necesita sentirse un mínimo en casa.

Me topo con Wilson en la cancha de fut.

—¡Wilson! ¿Te saliste de la casa?

—No, no —baja la voz—, me dejan salir un poquito.

No hay duda de que este hombre conmueve a los hondureños encargados de la puerta por ser el único representante de su pueblo y lengua entre una población compacta de habla hispana. Se intuye que algo muy delicado se ha roto en su interior.

Vamos por un refresco en uno de los puestitos armados con polines y lonas al borde de la cancha. En uno de ellos trabaja Daisy, la mujer que se peina por las mañanas afuera de la capilla.

Nos presenta a su hijo, un muchacho flaco que viste bermudas estampadas con la bandera de los Estados Unidos y vaga todo el día en la cancha de fut. Es el más joven de sus hijos y ya es padre de tres niñas. Digo: "¡Qué bonitas!", cuando Daisy me muestra sus fotos en el celular. Madre e hijo van en busca de trabajo en el país del norte con la intención de sacar a esas niñas de la colonia más peligrosa de Tegucigalpa y "darles una vida".

Los arrestó migración hace tres meses y decidieron tramitar el asilo. Mientras les resuelven, Daisy atiende el puesto a cambio de comida para ella y su hijo. No hay señal de reconocimiento entre ella y Wilson, se miran en silencio, casi con hostilidad.

Daisy rebusca los refrescos más fríos en la hielera y los destapa frente a nosotros. No tienen mucho gas.

Bebemos la Fanta a sorbitos.

—Yo soy empresario —me dice Wilson.

No va a los Estados Unidos para ganar dólares, sino para cumplir un sueño de vida. Eso lo hace un poco diferente a los que migran con la intención de reunir dinero para construir una casa, abrir un taller o un negocio en el país de origen. En Haití, me asegura, cualquier emprendimiento está destinado a fracasar.

Wilson fundó una escuela de administración y finanzas en el barrio de Puerto Príncipe donde creció, el ITCOMA. Me explica cada una de las siglas, pero solo comprendo la correspondiente a "*Institut*". Decidió cerrarla la mañana en que dos bandos rivales se dieron de tiros en los salones donde los alumnos estaban tomando clase.

—Una persona con ideas debe irse de un país así —repite Wilson.

Ya habían matado a su primo en un ajuste de cuentas. Una de sus cuñadas perdió la pierna por impacto de bala. Wilson y yo nos comunicamos en francés, pero el mío está copiado del de Francia, mientras que el suyo es de Haití, está repleto de términos y giros lingüísticos de creole. Eso dificulta nuestra comprensión mutua. Tardo en entender que es huérfano, sin familia. Llama hermanos y primos a las personas de la vecindad donde lo acogieron.

Me pide la pluma y escribe sobre mi cuaderno las siglas de su próxima empresa "MIAV". Dibuja una flecha que lleva al nombre completo que redacta en creole. Luego lo traducimos juntos al francés. Lo anotamos. Por último, me pide adaptarlo al español. Saca su celular y toma una foto a mi cuaderno, donde aparece así: MIAV > *Mouvman Imigron Aysyen pou yon lot Vi* >*Mouvement Migrant Haïtien pour la Vie* > Movimiento de Migrantes Haitianos para la Vida.

Así de larga es la cadena que separa a Wilson, que piensa en siglas y en creole, del mundo hispano donde ahora vive.

Las sombras se alargan, el sol declina. Daisy vigila sus frituras en el aceite. Canta, pues ya sabe de memoria la letra de la música que trae el predicador. Aparece todos los días a las cinco de la tarde, instala unas bocinas y pone a la gente a bailar al ritmo de Dios. Unas treinta personas se alinean ante él, parece una clase de aerobics.

—¡Ay! ¡Me da alegría! —dice Daisy revolviendo a ritmo un huevo.

Crece la proporción de familias con niños pequeños que se encuentran con La 72 cerrada y se tienen que instalar sobre la cancha de fut. Dos hombres llegan en motocicletas ruidosas, se sientan en una mesa del local que atiende Daisy. No se quitan las gafas negras mientras se comen un pollo frito. Se rumora que son pandilleros enviados desde El Salvador para cerciorarse de que no escape nadie que tenga deudas.

Wilson me habla sin parar. A causa de la barrera lingüística tiene muy pocos interlocutores, así que aprovecha que hablo francés. Me dice que estuvo dos años en Brasil y que luego vivió en Chile. Asegura que en ese último país cualquier ciudadano puede matar a un negro sin ser castigado. Pero todo es risas hasta que llegamos al capítulo del Darién, la selva que hace frontera entre Colombia y Panamá.

Su cara pierde vitalidad y color, en vez de negra se ve gris.

Dice que allá asaltan, violan, que la gente muere al fondo de los barrancos de donde no consigue salir. Dice que hay que hacer las necesidades caminando y avanzar con los pantalones orinados con tal de no perder al grupo. Porque extraviarse en esa selva es casi equivalente a morir.

Wilson dice que violan incluso a los niños varones, él lo vio. No lo dice, pero entiendo que le parece más grave que el asalto a las mujeres y las niñas. Cuando Wilson se torció el pie, bajó el ritmo de la marcha y se extravió. No comió durante siete días, periodo durante el cual vio más cadáveres que gente viva.

Desde que empezó a narrar su travesía por el Darién, Wilson me habla de perfil. Mira sus rodillas. Joroba la espalda, como chupado por el recuerdo. Yo también miro hacia abajo el suelo terroso y sucio con pedazos de comida.

De pronto, una tarde, Wilson logra salir del Darién. Su cuerpo se agita con la risa del triunfo. Levanto la mirada para encontrarme con el brillo de sus dientes y una mueca inquietante. Wilson no está riendo, está berreando.

Casi es de noche.

Los hombres de gafas negras encienden sus motocicletas y se largan. En el puesto de comida empiezan los preparativos para dormir. Hasta que termine la cuarentena, Daisy pernocta bajo la lona con su hijo. Convida a dos familias recién llegadas con niños pequeños. Antes de irse, la propietaria mexicana del changarro dobla las mesas para que quepan las esteras y los petates. Wilson regresa discretamente a La 72 y yo me voy a buscar un cuarto de hotel.

11

Arrancamos rumbo a Palenque. Viajan conmigo Miriam y Enriqueta, voluntarias que llegaron unas horas después de que La 72 se aislara del mundo exterior por alerta covid. Hacemos equipo. A ellas les viene bien conocer la región en coche mientras reabre el albergue y a mí la protección extra de formar un grupo de tres. Me da temor que el coche se desvíele o desclutchée, incluso me espanta la posibilidad de un accidente en esta región fronteriza donde, dicen, rondan los maleantes. Lamento mis escasos conocimientos de mecánica: con Bilma la trailera rolaría más a gusto en los tramos de selva aislados, sin señal de celular.

Las tres conocemos el Palenque turístico de las pirámides, las tiendas de souvenires y los restaurantes. Esta vez entramos en un circuito paralelo de colonias obreras que nadie se tomó la pena de integrar en un plan de urbanización. Las calles están erosionadas, rotas. Ningún turista husmea a la redonda.

Las hermanas vicentinas de la Casa del Caminante Jtatic se niegan a recibirnos porque no anunciamos nuestra visita con antelación. Tienen trabajo y cosas que atender, pero gracias a la mediación del vigilante de la puerta nos dan permiso de entrar unos momentos con la condición de no tomar fotos.

En este albergue, más modesto que La 72, los viajeros tienen hasta tres días para descansar antes de retomar el camino. No se siente la promiscuidad de las familias encerradas juntas por meses, reina la discreción, el silencio, el respeto. El guardia nos lleva hacia el comedor, que es el espacio de convivencia. Sobre el muro de la entrada, cerca de las tres puertas de los baños para damas, caballeros y transgénero, está pintado el mapa emblemático de la migración: México con sus rutas migratorias, sus albergues, sus comedores, sus oficinas gubernamentales, sus peligros, sus números de emergencia. Miriam y Enriqueta buscan relacionarse con los niños, les dicen: "Hola", los convidan a jugar.

Antes se celebraba la misa en la capilla. El padre en funciones pidió un traslado hace unos meses, quizá ya un año, y desde entonces se quedaron sin servicio. Las hermanas rezan en el comedor, más simplemente, con los migrantes. Mientras observamos la vida en el albergue, acompañadas en todo momento por el vigilante, las hermanas pasan a toda prisa sin mirarnos siquiera. Tienden sábanas limpias en un patio, mueven sillas, riegan las plantas flacas que sobreviven en las jardineras. Una cruza el comedor con dos cubetas de arena. Otra firma una montaña de papeles en una oficina. Circulan veloces por el espacio, como sombras, todas de gris, ocupadas y eficientes.

Se cuenta que son unas fieras a la hora de defender a los migrantes.

Dicen que una mañana una de las hermanas se presentó sin anunciarse en uno de los filtros migratorios de la entrada a la ciudad. Llegó con un par de periodistas y un padre de familia a quien habían despojado de sus tenis la noche anterior, cuando pasó por ahí. Qué coincidencia, dirán ustedes, pero el comandante a cargo de la zona calzaba los Nike recién robados. El funcionario pillado argumentó que el despojo había sido una simple broma de mal gusto para hacer reír a sus súbditos. Que solo por eso había dejado al señor migrante continuar su camino en calcetines. "Un momento de locura", repetía, intimidado por la presencia de las cámaras y los tenis que le quedaban demasiado grandes.

Aunque el hecho se publicó en algunos diarios locales, en artículos firmados con pseudónimo y semiocultos en las últimas páginas, el comandante sigue a cargo de la zona. No es un gran amigo de las hermanas ni es su mayor preocupación.

En la Casa del Caminante Jtatic hay problemas mucho más graves, como los asesinatos de internos. Esto me lo cuenta el vigilante mientras Miriam y Enriqueta atraen a unos pequeños con dulces.

Los espías de los pandilleros se mezclan con los migrantes y toman fotos que mandan a Honduras o El Salvador. Si alguna cara coincide con fugitivos de las maras o con personas que deben dinero, se mandan matar.

—Ni siquiera vienen tatuados los espías —dice el vigilante, a quien por un malentendido insisto en llamar "padre"—. Es muy difícil saber quiénes son.

Por eso ahora se prohíbe el uso del celular en las instalaciones, para salvaguardar la identidad de los internos. Sin embargo, los homicidios dirigidos continúan.

En una de sus salidas a la compra dentro de la colonia, las hermanas escuchan hablar del departamento de los hondureños. Resulta que un grupo de hombres extranjeros renta un piso con vista al patio del albergue y desde ahí lo miran todo.

Las hermanas mandan levantar dos metros más de muro, pero los asesinatos continúan. Es misterioso.

En la Casa del Caminante Jtatic tienen incluso problemas más tristes, que pegan más en el ánimo de las religiosas. Algunas de las personas que parten por la mañana, después del desayuno y las bendiciones, vuelven por la noche, asaltadas, heridas y violadas por los mismos coyotes que contrataron. Las hermanas saben quiénes son los coyotes violadores, pues reclutan a sus clientes en los alrededores de la casa, pero no sirve de nada denunciar.

Me rebelo ante esta información.

—Pero debe de haber coyotes buenos, ¿no? —le digo al vigilante—. Si todos engañan y violan, ya no los contratarían, ¿no?

—Eso pensé también —me responde.

Antes él ayudaba a los internos a conectar con los coyotes que hacían bien su trabajo. "Con ese hombre no", les decía cuando iniciaban tratos con uno criminal, "les recomiendo mejor a ese".

Hasta que los "buenos" coyotes también traicionaban, violaban y asaltaban.

Todos traicionan en este negocio.

Unos meses después de mi visita, ese mismo vigilante que yo llamaba "padre" fue despedido por acosar a unas migrantes.

Unos años antes de mi visita, fray Tomás tuvo que dejar la dirección de La 72 por acusaciones semejantes.

Son miles y miles de cuerpos que avanzan sin protección. Miles de sonrisas, sudores, feromonas, deseos, pasiones, amores. Es un drama humano.

Sobre la banqueta frente al albergue, unos migrantes aguardan desde hace días, semanas o meses. ¿Qué aguardan? Pues la llegada de un familiar ya en camino, o un dinerito, o los papeles migratorios. Algunos de los que esperan consiguen trabajo, pero otros no encuentran nada, vagabundean. Se juntan frente al pequeño oasis que los acogió las primeras tres noches.

Enriqueta y Miriam van a comprar café para los siete hombres instalados sobre cobijas y cartones. Después del *de dónde eres*, inicio el juego de adivinarnos las edades. Considero que es una buena forma de romper el hielo, de mirarnos con cuidado. En el rostro abierto del extraño, estudiamos el contorno de los ojos y la boca, las eventuales arruguitas, el tamaño de las orejas, el cansancio en las líneas de la frente, el grueso de los labios y la sensualidad que les queda.

A mí siempre me calculan menos edad.

—Es que tenemos una vida diferente —dice un hombre de cincuenta a quien calculé sesenta y cuatro—. Comemos diferente. Fíjese que yo tengo dos hermanas en Wisconsin. Son mayores, pero se ven como usted. Es que no andan caminando igual que nosotros bajo el sol.

174

Tiene razón, mi juego no es de iguales, jamás lo había pensado. Maquillo mi vergüenza con preguntas, trato de que suenen naturales: ¿cuál es tu sueño en los Estados Unidos?, ¿qué contarás de tu viaje a tus hermanas cuando las alcances en Wisconsin? Enriqueta y Miriam vuelven muy ceremoniosas con sus bandejas de café. Piensan que cargan un tesoro en los vasitos de unicel. Se bañaron por la mañana, desayunaron bien, su lozanía es vociferante. Lo que me irrita de viajar con ellas es que me tienden un espejo.

Sentado con nosotros se encuentra un hombre de cabeza trepanada que solo ve sombras. Sufrió un accidente en la ciudad de Querétaro, donde dejó a una hija. Por el timbre de mi voz fue el único que dio con mi edad exacta. Con su café en la mano, orienta la cara hacia los rayos del sol como un iluminado, aunque en su caso lo alumbra por dentro la luz negra del Resistol. Lleva ocho meses esperando sus papeles, su cuerpo está en ruinas. Tiene treinta y tres años y parece de cincuenta.

12

"¿Dónde está Ángel?"

Este Ángel salió de Venezuela, no de Honduras como el Ángel de La 72. Muchos lo han buscado porque tiene una tendencia trágica a desaparecer.

Yo lo topo por primera vez en el embarcadero de La Cooperativa Técnica Agropecuaria, o sea, La Técnica, un poblado de escasas calles en la frontera norte de Guatemala. Fue bautizado así por unas cuarenta familias de campesinos que llegaron del sur del país para cultivar maíz, frijol y chile en las riberas del río Usumacinta.

Los migrantes que se aglutinan a la sombra de un cartel que dice "Bienvenidos a Guatemala" en realidad quieren irse a México. No hay policía migratoria a la redonda, así que pueden tomarse unos momentos para intercambiar información y *tips* con otros migrantes, encontrar mejores rutas y hasta nuevos compañeros de viaje. Ángel destaca entre el montón por sus ojos buscones, al acecho de alguna oportunidad.

Ya aprendí a reconocerlos. Esos migrantes quieren hablar, traen historias que contar a cambio de alguna ayuda, aunque se trate únicamente de palabras amables o de orientación. Tienden lazos afectivos donde sea que pasan como el instinto más humano de la supervivencia.

Ángel huyó de la represión en Venezuela y salió con vida del Darién. Necesita hablar, denunciar, dar su testimonio.

"¿Dónde está Ángel Sucre?"

Esto lo preguntan por primera vez los estudiantes activistas en Caracas. Salen a la calle con pancartas para reclamar por los compañeros que se llevó la policía, uno de ellos es Ángel. Los desaparecidos vuelven dos o tres días más tarde. Cuentan que los enrollan en cobijas antes de darles las palizas, para que no queden marcas sobre la piel. Para que solo se rompa lo de más adentro.

En La Técnica, Ángel acepta que le invite un refresco en un sitio alejado del barullo. Dice a sus compañeros de viaje, una familia extendida de hondureños con quienes atravesó Guatemala, que en un rato volvemos. Enriqueta y Miriam se quedan en el embarcadero con la familia, comen galletas con los niños y sus mamás.

Este poblado de diez calles se parece a El Ceibo por los changarros para hacer llamadas de larga distancia, por las duchas en renta y por los ambulantes que cambian quetzales, dólares y pesos. Estos hombres toman asiento en el comedero más cercano y sacan enormes fajos de billetes de sus bolsillos cuando hay cliente.

La Técnica está a menos de cincuenta kilómetros de El Ceibo a vuelo de pájaro, por encima de los copetes tupidos de la selva.

Pero a ras de tierra la Lacandona no permite el paso. El rodeo es de doscientos kilómetros, así que los que cruzan por aquí no saben nada de los que cruzan por allá. La Técnica es el *hotspot* del momento, los coyotes están relajados porque abunda el migrante.

La calle principal desciende hacia el embarcadero. Al otro lado del Usumacinta se extiende México, una ribera toda verde. Ningún puesto de control perturba la hermosura de esta vista.

Remonto la calle con Ángel y un compañero suyo que es como su sombra. También se llama Ángel y es venezolano. Casi no habla, sus gestos traducen una melancolía serena, algo parecido a un enorme cariño por el mundo y una gran resignación.

Vamos a contraflujo de los demás viajeros que bajan hacia el río, en grupos de dos, de tres, de cinco y hasta de quince personas. Desde antes de que amanezca decenas de camionetas, buses y otros vehículos vierten sus cargas humanas sobre la calle principal.

Los que han contratado paquetes hasta Palenque, Monterrey o los Estados Unidos aguardan en grupos aislados, a la sombra de algún techo. O bien desayunan bajo la mirada alerta de su coyote. Los demás siguen de frente y solo se detienen bajo el cartel que dice "Bienvenidos a Guatemala". Primero miran hacia México. Luego se observan unos a otros. Toman asiento, esperan alguna señal. Saben que necesitan paciencia para cosechar noticias frescas, incluso para pegarse a otros grupos.

"¿Dónde está Ángel Sucre?"

Esto lo preguntan las autoridades en la televisión nacional de Venezuela. Debajo de su fotografía aparece un identificador de enemigo público con ese nombre. Poco después Ángel se forma en la fila de un banco para cobrar un cheque. Dos hombres del Servicio Bolivariano de Inteligencia lo rodean y lo llevan preso.

"¿Dónde está Ángel Sucre?"

Ahora lo preguntan sus amigos de la universidad, sus familiares y los defensores de derechos humanos.

Me instalo con los dos Ángeles en un local desierto, equipado solo con una mesa larga de madera y un ventilador. Gritamos: "¿Hay alguien?", hasta que aparece un chico. Nos sirve las bebidas y se desvanece.

A los presos políticos venezolanos les prohíben hablar entre sí. Por eso los revuelven con los de fuero común y duermen en crujías separadas. Los presos políticos se dejan algunos mensajes en la biblioteca, pero poca cosa. Leen a los revolucionarios y a los economistas liberales, pero poca cosa. La prisión es un paréntesis de carencia y aburrimiento, sin romanticismo a la Dostoyevski, que continuaba su obra entre muros, o a la Sade que escribía sobre las paredes con su caca.

Ángel recupera su libertad casi dos años más tarde, gracias al trabajo de las organizaciones civiles. Apenas se sienta a la mesa de su madre para el primer desayuno cuando llega una nueva orden de aprehensión. Furioso, acude al tribunal de justicia para pedir razón. La mujer que atiende su reclamo lo mira a los ojos y dice:

—Mi deber en este momento, Ángel, es llamar a un alguacil y decirle que te ponga unas esposas. Pero te voy a recomendar algo. Vete por esa puerta y no vuelvas nunca. Vete de este país. Mira que te estoy salvando la vida.

Su abogado opina lo mismo: "Vete".

Esa misma semana, Ángel cruza clandestinamente la frontera con Brasil. Porta su expediente judicial a manera de pasaporte. Su sueño es llegar a los Estados Unidos con una bandera de Venezuela que diga S.O.S.

"¿Alguien ha visto a Ángel Sucre?"

Ahora lo preguntan sus allegados por Facebook. Ángel no cuenta a nadie que va a cruzar la selva del Darién y una vez adentro pierde conexión.

—Si salía vivo, entonces podía decirles. Fui con esa idea, de mostrar que sí podía.

La entrada es por Capurganá, una aldea colombiana que se alcanza en bote desde Necoclí. El agua transparente del Caribe le da una falsa pinta de paraíso. Los turistas surcan el cielo en avionetas y se hospedan en playas privadas. Jamás se enteran de que los ocupantes negros y sucios que cruzan en las lanchas son migrantes. Los confunden con nativos. Los turistas y los migrantes circulan por el mundo igual que los señores y los sirvientes en un castillo: unos son ruidosos y disfrutan las comodidades, los otros se escurren por las escaleras de servicio y tratan de pasar desapercibidos.

—Es muy raro porque de repente te enteras que vas por lugares turísticos famosos, pero uno ni en cuenta —se ríe Ángel.

Los lancheros de Necoclí cobran sesenta y cinco dólares por persona y explican a cada valiente que antes de cruzar debe hacerse de una carpa, un machete, veneno para serpientes y comida.

—Al pisar Capurganá empecé a entender la situación del mundo, no solo de Venezuela —dice Ángel.

En Capurganá se concentran cientos de afganos, africanos y haitianos dispuestos a rifársela en uno de los pasos más brutales del planeta.

—Todos están ahí porque están sufriendo. Te hablan y te dicen casi lo mismo que tú vives en tu país, o algo peor. Y mira que son negros o venezolanos. Los latinos no se atreven a pasar por ahí.

En Capurganá conoció a Ángel Guerra, el chico que toma en silencio su refresco con nosotros. Los dos Ángeles se miran a los ojos, saben cosas que solo se aprenden en el infierno.

Se ingresa a la selva del Darién con guías colombianos, se camina dos días hasta la frontera con Panamá. Ahí, los guías señalan con el dedo un monte lejano y dicen: "Esa es la montaña de la muerte. Ahora van solos".

Es justo el momento en que se comienza a sentir el hambre.

Algunas veces, esos mismos guías asaltan a los grupos, como le pasó Wilson. Violan a las mujeres y a las niñas antes de abandonarlas en esa frontera imaginaria, con vista a ese monte de la muerte. Se llama así por las pendientes resbaladizas y los precipicios en que la gente cae.

El grupo de Ángel, en cambio, libra la frontera con Panamá sin violencia. Pero han sido advertidos de que en cualquier momento grupos de hombres armados les caerán encima. El asunto es que no saben en qué minuto, ni detrás de qué ceiba los acechan. Solo cuando dejan de pensar en ellos, porque es demasiado el cansancio, el hambre, el zumbido aturdidor de los insectos y el desgaste mental del miedo permanente, entonces salen los bandidos echando plomo.

—Pero ellos no le quitan la vida a nadie —insiste Ángel—. Te dicen: mira, no te vamos a quitar el pasaporte ni los papeles porque tú los necesitas; no te vamos a quitar la vida. Te dicen: lo que sí queremos es tu dinero y tu teléfono. A los hombres les dicen: tu teléfono, tu dinero y tu mujer. Porque las niñas, las adolescentes, todas son violadas. Y la mujer que no se deja violar le meten un tiro en la pierna. Pero no la matan.

De asesinar se encarga la selva. La gente muere de agotamiento, de heridas infectadas, de mordeduras venenosas. Unos caen por los despeñaderos a donde nadie sabe ir a buscarlos porque son demasiado profundos, a otros se los lleva un río, porque no saben nadar o están demasiado debilitados.

En las secciones del Darién en que no hay camino, los viajeros siguen las huellas y la basura de otros. Entre la vegetación aparecen personas que se han perdido y otras que se dejan morir. Hay niños y mujeres abandonados porque atrasan a los grupos. También se ven cadáveres, en pleno camino.

Los primeros días son difíciles por el hambre y el esfuerzo físico, pero los últimos concentran el gran espanto.

—Lo más doloroso es cuando ves a los muertos, gente con gusanos en la cara. Personas como tú. Con la mano aún hacia arriba como pidiendo ayuda. El olor es horrible. Había cuerpos de mujeres con niños encima. Había carpas con gente muerta adentro. La policía no entra para allá.

Mientras más cerca de la desembocadura de la selva, más cuerpos de gente que no llegó. Una carcajada se le monta a Ángel cuando dice:

—A lo último, te preguntas: "¿Será que me sigo tomando esa agua?". Porque, sabes, en el río hay muertos. Pero la sed es más fuerte.

Reconozco la risa, porque es igual a la de Wilson, que ríe con los ojos abiertos del espanto cuando me cuenta de su paso por el infierno, cuando me dice que un día salió de la selva, pero en realidad está llorando. Es la risa de todos los Kurtz del Congo, de Vietnam y del Darién, la carcajada de quien toca el corazón de las tinieblas.

La única que no ríe es la adolescente cubana que llega a La 72. Su madre y la otra señora, igualmente violadas en el trayecto, sí logran reír. Sueltan ambas el bufido y la risa amarga del horror. En la risa de las mujeres se siente más honda la tristeza que en la de los hombres. A unos metros de nosotras, la adolescente no habla, no ríe, su mente parece borrada.

El Ángel melancólico ha completado el milagro de salir de la selva con un teléfono. Alcanzó a grabar unos videos.

Una cosa es que te cuenten de los muertos en la selva, otra es ver en la pantalla de un teléfono los cuerpos putrefactos al borde del camino, igual que perros reventados. Le devuelvo su teléfono, horrorizada.

Cuando escaparon del campamento de refugiados de la ONU instalado a la salida del Darién y adónde iban a caer todos los sobrevivientes, los Ángeles fueron secuestrados por unos indios de

Panamá. Ninguno de los dos recuerda la lengua que hablaban. Los mantuvieron presos dos semanas en una carpa improvisada con palos y un mosquitero, comiendo banano. No tenía sentido escaparse porque no sabían qué camino seguir y los nativos los alcanzarían muy rápido. Mientras llegaba el rescate —que nunca llegó— los obligaron a hacer la tarea de Español y Matemáticas de los niños, porque nadie entendía nada del programa nacional de enseñanza obligatorio.

—Al entrar a México, siento el mismo miedo que cuando me metí al Darién —me dice ahora Ángel, muy serio.

Ha leído sobre los cárteles mexicanos, ha escuchado que esclavizan, torturan y asesinan.

A unos metros de nosotros, una familia de veinte personas baja de un microbús y se instala en una construcción de cemento vacía. Las mujeres se sientan sobre el suelo, los hombres permanecen de pie y los niños se portan mal. Lloran, arañan a sus madres y se golpean, pero los adultos ya no tienen la fuerza para regañarlos.

Pierdo de vista a los Ángeles en el bullicio y los arreglos generales para cruzar en lancha a México. Son las mismas embarcaciones techadas que llevan a los turistas a las ruinas mayas de Yaxchilán. Ahora muchas se dedican casi exclusivamente al trasiego de migrantes.

Embarco de regreso a México con otro grupo de hondureños. Algunos graban con sus teléfonos el cruce por el río y se toman *selfies*, pero se respira la inquietud en el aire húmedo. Las sonrisas son vagas, cortas. La ribera de enfrente luce verdísima, espesa, peligrosa, mexicana.

En el muelle de Frontera Corozal nos esperan dos delegados del pueblo. A los mexicanos y a los que tenemos aspecto de turista nos dejan seguir de frente, a los migrantes les piden veinte pesos por cabeza. No es mucho, pero es símbolo de una realidad innegable: no existe el paso gratuito. O bien se contratan los hoteles y los servicios —y se nombra "derrama" turística— o bien se hace una entrega directa a los representantes de la autoridad local, y entonces se llama "derecho de paso".

13

"¿Dónde está Ángel?"

Nuestro segundo encuentro sucede sobre la carretera que lleva de Benemérito de la Américas a Palenque. A lo largo de la banda de chapopote brillando al sol avanzan pequeños grupos de personas que un ojo medianamente habituado reconoce al instante como migrantes. Van con la cabeza gacha a causa del cansancio y el calor. Además, los que caminan desde Benemérito, o incluso desde Tierra Blanca, vienen enojados. Aseguran que los engañaron, que los hicieron cruzar en puntos demasiado alejados con el pretexto de que era más seguro. Ocurre que mientras más lejos de Frontera Corozal se ingrese a México, más días de caminata se hacen a Palenque, que es adónde se dirigen los que viajan a pie.

Benemérito es un puerto más grande que Frontera Corozal, con calles pavimentadas y más comercio. Fue difícil que Enriqueta aceptara entrar a esa ciudad. Una periodista norteamericana le aseguró que es la plaza de un cartel, que reina el terror y que nos podían matar. Pero todo México pertenece a los cárteles, le argumentamos. ¿Por qué nos van a matar a nosotras aquí más que en otro lado?

—Porque a unos reporteros les quitaron las cámaras a punta de cuernos de chivo y les dijeron que la próxima vez se los quiebran —repite furiosa mientras viajamos veloces hacia ese puerto.

Acelero al máximo. Enriqueta se pone nerviosa cuando rebaso el límite de velocidad, así que acelero sobre todo para causarle ese disgusto.

—Enriqueta, llevamos dos días preguntando en los pueblos, los mercados y las estaciones de servicio, todos nos han dicho que Benemérito está tranquilo, que podemos ir sin problema. ¡No jodas! ¿Le crees más a tu amiga que nunca ha venido que a la gente local?

—Además, no traemos cámaras ni somos CNN. No vamos a filmar la cara de los coyotes cruzando gente —dice Miriam que esta vez estaba de mi lado porque quería comprar artículos de cuero vacuno en esa ciudad.

—Ajá, nos vamos con cuidado. No salimos de noche, no sacamos cámaras, no molestamos ¡y ya! —concluyo mientras nos acercamos a ese destino.

Compartimos el pequeño hotel con un trailero y cinco familias tzotziles que viajaban en convoy. Han estacionado cinco camionetas del año en el *parking* junto al tráiler y nuestra propia camioneta que resultó el vehículo más modesto del sitio. Desde nuestra habitación escuchamos las risas y los cuchicheos de las mujeres que se visitan entre cuartos. Los hombres y los niños gritan en la alberca situada a un lado de los coches y cuya agua se mira verde porque no ha sido recubierta con azulejos. Me cuesta trabajo conciliar el sueño entre tanto relajo en tzotzil y el hecho desquiciante de que Enriqueta se coloque el cubrebocas para compartir cama conmigo.

Cuando despertamos, no queda rastro de las camionetas. El trailero termina de revisar su motor y parte mucho antes que nosotras. En el río encontramos poco movimiento migrante. Optamos por nadar. En Benemérito no hay playa, solo muelles públicos adonde las personas acuden con ropa de ciudad, y los privados: para acceder hay que pedir permiso. El muelle que exploramos tras solicitar el paso está cubierto de restos de maíz y frijol. Solamente nadamos Miriam y yo porque Enriqueta ha decidido no participar en ninguna de las diversiones. El agua es espesa, fangosa, profunda y con fuerte corriente, no muy adaptada a la natación recreativa. Aun así, en un muelle cercano, unos niños en calzones juegan a saltar y a mojarse.

Hacemos algunas compras antes de reemprender el regreso hasta La 72: huaraches y cinturones para Miriam, chelitas para las tres y cartones de agua embotellada. Esto último es una buena idea de mis compañeras, así que ahora vamos repartiendo botellitas de agua a los migrantes en el camino. Los envases de plástico están destinados a ser basura en la selva, lo sabemos, pero el daño nos parece de momento menos grave que la falta de un gesto de solidaridad. Así que hacemos como que no sabemos.

En cuanto los migrantes ven que un vehículo se detiene a su lado y baja los cristales, se acercan con la seguridad de que se trata de ayuda. La confianza en la buena estrella siempre será la más grande fortaleza de los pueblos en éxodo. Les arrojamos a la cara nuestro aire acondicionado mientras ofrendamos nuestras botellitas y un: "¡Suerte en el camino!".

Vamos más rápido en el regreso que a la ida. Dejamos atrás Frontera Corozal y en las cercanías de El Patrón entregamos agua a un grupo donde de pronto reconocemos a los Ángeles de Venezuela. Gritamos de entusiasmo, ellos y nosotras. Estacionamos el coche y nos bajamos a abrazarnos y escuchar noticias frescas como si fuésemos viejos conocidos.

Los hondureños con que viajan también se detienen. Las mujeres traen el rostro chapeado por el esfuerzo y los varones se ven más sucios que en La Técnica por el pelo que les crece en el rostro y la falta de un baño.

Van lento por culpa de la abuela que tiene el pie hinchado y de los niños que lloran, hacen berrinches, se niegan a avanzar. En Guatemala se movían con mayor celeridad porque podían viajar en autobús; aquí nadie los deja subir. La abuela aprovecha la pausa para sentarse sobre una piedra, con su bolsa de súper entre las piernas. Parece una mujer que simplemente espera el camión, no una anciana que viene desde Honduras en condiciones muy complicadas. Viste una falda negra a la rodilla con encaje y sandalias de plástico.

Los niños se asoman al coche por las ventanas cerradas.

Los Ángeles cuentan que pasaron la noche en Nueva Palestina.

—En realidad a la altura de Nueva Palestina —precisa Ángel Sucre—, porque para entrar al pueblo nos pedían cincuenta pesos por cabeza.

El Ángel silencioso asiente, melancólico, casi triste, como si comprendiera muy bien que los habitantes de aquel pueblo no pueden permitir que el mundo entero duerma en sus calles de a gratis.

Mi camioneta refulge a la vista de todos con dos lugares libres. Se me ocurre que para aliviar al grupo podemos llevarnos a la abuela y al niño más pequeño y depositarlos a salvo un poco antes del siguiente retén. Desde mi viaje a Villahermosa, memorizo las coordenadas de cada punto de revisión. Como ya pasamos por aquí cuando salimos de Palenque sé que el siguiente se encuentra a unos 50 kilómetros, nadie nos detendrá antes de eso. Es un día o más de caminata para llegar al retén pero solamente cuarenta minutos en coche.

Aunque teme los contagios por covid, Miriam está de acuerdo con mi idea. Mis dos compañeras de viaje se ponen el cubrebocas cada vez que hablamos con migrantes y hasta cuando pasan las botellas por las ventanas del coche. Dicen que es para protegerlos a ellos, a los que viajan sin dinero ni documentos, los que son más vulnerables, pero no les creo. Enriqueta vive con su madre de setenta años y teme por ella, Miriam es hipocondriaca. Todas las mañanas extrae de una bolsa de tela una pastilla efervescente de vitamina C, un gotero de equinácea y unas píldoras que no reconozco. Pasa el día aplicándose cremitas en cara y manos, y aceites esenciales en las muñecas y detrás de las orejas.

Cada vez que Enriqueta y Miriam se apean con cubrebocas, ropa de senderismo y cámaras sobre el pecho me siento en uno de esos filmes documentales donde unos soldados con chaleco antibalas, casco y rifles prestan ayuda a una población descalza con bebés en brazos.

Enriqueta se ha ido a hacer pipí o popó en la maleza, así que se entera de nuestras intenciones hasta que regresa. Se desquicia. Se pone a gritar que no. Parece una loca y asusta. Nos alejamos de los migrantes para discutir. Es evidente que Enriqueta tiene miedo. Descubrimos poco a poco y con asombro que no es terror al covid ni a la migra, sino al narco.

Dice que hay redes de coyotaje y que subir a migrantes al carro es hacerles competencia.

Tratamos de razonar con ella, Enriqueta no se deja doblegar.

—Nos van a matar, ¡yo no quiero morir! No quedamos de meter a migrantes al coche.

—¿Dónde ves a los narcos? —le pregunto, asombrada.

A diez metros de nosotras, una joven y unos niños se mecen en unas hamacas. Están en la terraza de una tienda de abarrotes, esperando clientes. Pasan dos *pick-ups* con campesinos en la batea que nos saludan con la mano. Más allá, unas mujeres ofrecen mango a los coches que frenan para librar un tope.

—Tú no los ves, pero ellos sí te ven a ti.

—Estos migrantes no son clientes potenciales para los coyotes, ni siquiera tienen dinero —argumenta Miriam—. Van a caminar hasta Palenque.

Se quita el cubrebocas para decir esto. Perlan finas gotas de sudor sobre su labio. Se escucha el desquiciante aullido de un par de changos saraguatos escondidos en la maleza.

—Nos están viendo —asegura Enriqueta—. ¿Qué? ¿Tú crees que los narcos no saben que estás ahora mismo parada sobre esta carretera en este kilómetro exacto?

187

Enriqueta también se quita el cubrebocas, esto va en serio.

—Yo no veo a nadie, no les importa —dice Miriam, desafiante.

—Okey. Pon tú que nos miran —digo yo—. ¿Pero tú crees que van a matar a unas chilangas y llamar la atención solo por un aventón a una señora de setenta años y su nieto?

—Claro —asegura.

—Creo que es poco el riesgo, podemos tomarlo —argumento.

—¡Yo no me voy a arriesgar! —grita Enriqueta desesperada, como si ya la estuvieran encañonando con un cuerno de chivo.

Un chango aúlla muy cerca, se escucha como un león a punto de arrancarnos la cabeza. Es difícil acostumbrarse a estos rugidos.

—¿Pero te das cuenta del horror que viven ellas? —empiezo a gritar yo—. ¿Lo que arriesgan a cada paso? ¿Lo horrible que es que nadie les preste ayuda?

—¡Yo no voy a tomar riesgos! ¡Punto! —grita ella—. Cuando empezamos este viaje no quedamos en subir migrantes al coche. ¡Y no lo haremos!

Enriqueta hiperventila, se estruja las manos, sus ojos revisan frenéticamente los alrededores como si detrás de los árboles nos acecharan los sicarios. Ante un miedo así no se puede razonar.

La abuela hondureña espera con serenidad junto a la puerta del coche. Ya se imagina cincuenta kilómetros más adelante. Le decimos que siempre no, que perdón y arrancamos. La anciana se queda unos momentos paralizada de sorpresa, con los brazos caídos y luego retoma su bolsa de plástico y reemprende la marcha. La veo por el retrovisor, cada vez más pequeñita.

Vamos sin decir palabra, cada una con su frustración. En el estéreo Joan Osborne pregunta "What if God was one of us?". La callo. Oigo entonces que Enriqueta viene sollozando en el asiento de atrás. Siente culpa, miedo, horror, no lo sé con exactitud: ha de ser muy complejo lo que sucede dentro de esta mujer que ha dejado la tranquilidad de su casa para ser voluntaria en un albergue de migrantes. Miriam se ha puesto de copiloto. Hay más grupos que caminan sobre la carretera, pero ya no les damos agua. Traemos una nube negra dentro del coche.

¿Qué vamos a hacer si nos va ganando el miedo a ayudar? ¿Ya no venir, como dejaron de hacerlo los periodistas de la cadena estadounidense? ¿Negarnos a subir a los migrantes a nuestros vehículos como hacen los autobuses y los taxis? ¿No darles ni chance de pernoctar en pueblos como en Nueva Palestina? ¿Dejarlos a su suerte, a su gran vulnerabilidad sobre las carreteras y los montes?

14

¿Dónde está Ángel?

La última vez que supe de él estaba preso en una estación migratoria, cerca de Querétaro. Lo dejaban usar muy poco el teléfono. Estaba encerrado con el otro Ángel, cuatro indios y cinco haitianos. No se entendían entre ellos.

¿Y los chicos de Villahermosa?

Los hermanos hondureños solicitaron el asilo en México después de pasar dos semanas en prisión migratoria. Están en Tabasco, esperando. Pasando hambre.

El nicaragüense pidió sus mil quinientos dólares para contratar a una coyota de buena reputación. Lo escondieron en Yucatán durante un mes. Le consiguieron la identificación de un mexicano que se le parecía y lo subieron a un avión rumbo a Reynosa. Me mandó una foto del aeropuerto, nervioso porque era la primera vez que volaba. Luego me mandó una foto del río Bravo, luego de cruzar a nado. Estaba feliz, en su último mensaje de audio iba riendo. "Ya me voy a entregar a la migra", decía.

¿El Ángel de La 72?

Sigue trenzando pulseras. Le mandé un libro de Bukowski, lo está leyendo.

¿Y Wilson?

Rentó un cuarto en Tenosique con la ayuda que recibe del ACNUR mientras se resuelve su caso. Todo el tiempo está buscando dinero porque no le alcanza. Me mandó recientemente el diseño de las membresías de su MIAV por WhatsApp, para conocer mi opinión.

¿Y La 72?

Ha concluido el periodo especial de pandemia y funciona a puertas abiertas mientras dura la luz del sol. Por la noche, se convierte en una isla-fortaleza. Nuevos grupos de migrantes arriban con su carga particular de penas y la valentía de quienes están dispuestos a recomenzar desde cero. Ya están en México. Se dan un respiro, toman fuerzas y continúan el camino.

ENLODADOS

Reynosa, julio de 2021

1

A las siete de la mañana Kobra Lucifer alias "Draggon Jefe" realiza su última ronda por el campamento. Se acomoda el sombrero de camuflaje táctico y se asegura de traer las esposas en el bolsillo del pantalón. Camina con los sentidos en alerta por el contorno exterior de la Plaza de la República. Para jalar mejor el aire mantiene ligeramente abierta su boca sin dientes.

El andar de este hombre de setenta y tres años aún es elástico, como el de las personas que jamás han conocido el descanso y trabajan duro hasta el último día. Calza unas botas militares muy viejas y de buen cuero. Dice que son del ejército ruso, de cuando vivía allá.

La mañana del 8 de julio de 2021, Kobra Lucifer, de condición apátrida, corrobora que el campamento despierta a salvo. Reynosa es una ciudad tan insegura que algunas noches pueden escucharse los balazos. Apenas el sábado un comando armado disparó al azar en las calles, matando ciudadanos que iban en ropa deportiva a jugar futbol o salían a la compra. Según algunos periódicos, a estos sicarios los dejaron plantados otros sicarios con los

que debían negociar, y así vengaron el despecho, asesinando gente. El domingo, las calles, los mercados y los centros comerciales
lucieron vacíos, y el terror sigue fresco. Pero nunca dura, porque
las necesidades de la vida cotidiana son apremiantes y más pronto
que tarde cada acto de barbarie es recubierto por otras preocupaciones.

Casi ninguno de los que pernoctan en Plaza de la República
había escuchado el nombre de esta peligrosa ciudad del norte de
México antes de emprender el viaje. Ahora duermen dentro
de una de las trescientas carpas montadas sobre los jardines de la
plaza. Están hacinados, pero se sienten más protegidos así.

Cuando termina su ronda, Kobra Lucifer prende un cigarro.
Me mira con los ojos en paz. Son de un azul de cielo nórdico, páli-
do y ácido, y me sonríe como un pícaro cuando le pregunto si hay
manera de conseguir un café. Lo sigo por las estrechas callejuelas
que forman las tiendas de campaña hasta el puesto de los michoacanos, al centro del campamento. A unos metros, en el kiosco de
la plaza duerme la gente que aún no consigue carpa propia. Reconozco las cobijas de la Cruz Roja y las de Church World Service
entre el tiradero de mantas, bultos y cuerpos que descansan.

El puesto de los michoacanos está formado por tres mesas, un
anafre, rejillas con golosinas y toldos de plástico. Nos atiende
un muchacho que Kobra me presenta como su nieto. Se llama
José. Tiene quince años, un bigote negro y un aire de señorcito.
Habla un buen inglés, el único idioma que maneja Kobra además del ruso. José cursaba la secundaria en California cuando lo
deportaron con su familia.

Nos alumbran unas bombillas que jalan electricidad de la calle
por medio de cables que se enredan a las demás cuerdas y me-
cates que sostienen el campamento. Hay una maraña de líneas
suspendida sobre nuestras cabezas. La ropa, tendida por doquier,
trata de secarse entre aguacero y aguacero, pero casi nunca lo

logra. Hay prendas sobre las ramas de los árboles que han sido olvidadas por gente que ya se fue.

Tomo mi vasito de unicel con agua caliente. Añado dos cucharadas de nescafé, dos de azúcar y una de crema en polvo. Kobra hace lo propio, pero en vez de la crema añade un piquete del aguardiente que carga en una anforita.

Los michoacanos han acaparado dos tiendas de campaña junto al puesto de comida y de una de ellas sale reptando la madre de José, recién despierta. Se sacude la ropa y prende el anafre.

—Cuando llegamos a Reynosa, empezamos vendiendo con esa canastilla —me dice José.

Señala una canasta de mimbre que ahora contiene manzanas y naranjas.

—¿Llegaron directo de California?

—No, nos mandaron hasta Michoacán.

—¿Y?

—Nada. Queremos volver a nuestra casa de allá. Yo juego americano, y quiero una beca para el *college*.

La gente comienza a circular por el campamento. Algunos se dirigen hacia los sanitarios portátiles, otros a los pequeños tinacos de Rotoplas que la municipalidad ha colocado en las esquinas de la plaza. En las manos traen un cepillo de dientes o un peine para el cabello.

—¿Y les queda familia en Michoacán?

—No, en el pueblo no hay nada. La familia ya se fue.

A las niñas que se acercan a darle la mano, Kobra las llama *"princess"*.

Hay otros pequeños negocios de comida montados en los huecos libres del campamento, pero el de los michoacanos es el más señorial. Ya son parte del itinerario de los camiones de Coca-Cola y Bimbo que se arriman a la banqueta y cuyos repartidores acercan la mercancía en diablitos.

—Estamos trabajando duro porque vamos a contratar a una abogada privada chingona en los Estados Unidos. Necesitamos que ya nos resuelva el caso —nos dice también el muchacho, antes de retirarse a dormir en su carpa verde militar.

Kobra se la había vendido por doscientos pesos. Me cierra un ojo cómplice, porque está seguro de que fue un buen negocio. A él se la regaló una oenegé cuando empezaba el campamento, pero ahora ya no la necesita porque duerme dentro de la caseta de la esquina noreste de la plaza.

La hermana de José y su marido salen de otra carpa. Ella ayuda a su madre a preparar huevos, chilorio y sopa de tripa. Él se quita las lagañas mientras atiende a los que ya hacen cola para comprar galletas y café, así como productos de primera necesidad como jabones, champú, calcetines y rastrillos.

Vuelvo tras Kobra a la caseta de vigilancia, situada en el punto más cercano al puente internacional. Quizá en su origen era un kiosco para dar informes o un modesto negocio de venta de flores. No hay ventanas ni cortinas ni pestillos, está abierta a los cuatro vientos. Kobra ha instalado adentro un catre.

Antes de dormirse, aguarda las llegadas de la mañana. Fija la vista en dirección al puente.

Los novatos se reconocen de inmediato. Avanzan con los pantalones enlodados y la cara arrugada de angustia, jalando a sus hijos como si fueran maletas de rueditas. Los niños no se quejan porque intuyen la gravedad de la hora. En este tipo situación suelen tener más sangre fría que los adultos.

Por lo regular, los enlodados se enteran de que están en México cuando leen el nombre de ese país en un letrero, al final del puente que los obligan a cruzar. En los Estados Unidos dejaron una foto y las diez huellas de sus dedos.

Muchos vendieron sus casas, carros y pertenencias para costear el viaje y ahora están otra vez del lado equivocado de la línea que separa a los Estados Unidos de América Latina. Dentro de unas bolsas Ziploc grandes y transparentes cargan las agujetas de sus zapatos, sus ligas para el pelo, sus cinturones, sus cables y sus teléfonos, como si recién salieran de la cárcel.

En la última página libre de su bitácora, Kobra los cuenta en grupos de cuatro palitos que cruza con un quinto palo horizontal.

Una vez terminado el conteo de aquella mañana cierra la bitácora de un golpe seco. Sobre la portada se lee "Confidencial". La guarda en uno de los maletines bajo su catre y empieza a acomodarse para su noche como quien se encuentra en la soledad de una recámara. Mueve los labios, arruga y desarruga la frente según se responde y resuelve sus cuestionamientos internos.

Van despertando unos chavos que han encontrado resguardo bajo el techito de una parada de autobús a unos metros de nosotros. Uno ha conseguido una colchoneta de *camping*, los demás duermen solamente sobre cobijas. El del colchón es un mexicano criado en los Estados Unidos, trae una lagrimita tatuada bajo el ojo. Los demás son hondureños y hacen todo lo que dice el mexicano. Según ellos, cuidan a Kobra mientras duerme, pero lo hacen mal porque ayer al velador le robaron por segunda vez el celular.

2

A espaldas de la caseta de Kobra hay un espacio de tierra apisonada. Días antes habían aislado ahí a los enfermos de covid con un cerco de cintas plásticas. Luego unas camionetas se los llevaron, con todo y sus carpas, nadie sabe adónde. Ni siquiera el inspector Monroy, de la Guardia Nacional, tiene esa información.

Aun si el terreno recién liberado da un poco de miedo, pues se desconoce si el virus aún ronda por ahí, algunas familias empiezan a ocupar el espacio, ya sea porque se les inundó la tienda de campaña y tienen que relocalizarse, ya sea porque todo vacío tiende a llenarse.

Los enlodados se agrupan ahí, desorientados. Unos llaman por teléfono, algunas madres dan agua a sus niños, la mayoría mira a su alrededor en busca de algo que les resulte familiar.

Karina sale de la cocina del Águila, bautizada así por cercanía de la escultura del ave patria y para diferenciarla de las otras dos cocinas comunitarias, más pequeñas.

—¡Les voy a dar información! —grita a los nuevos—. ¡Vengan!

La siguen a una gran carpa con mesas plegables, garrafones de agua, estufa alimentada con tanques de gas y dos alacenas de plástico con cereales.

Karina es negra y voluminosa, ha sido policía en Honduras. Viste con amplio escote y ropa ajustada a sus descomunales caderas.

—Pónganse en medio círculo —ordena con su voz bien timbrada—. Ya luego se sientan. Primero les voy a decir unas cosas.

Los recién llegados obedecen. Karina lleva el pelo largo, bien peinado, recogido detrás de la cabeza, y las cejas depiladas. Ante los enlodados, eso impone. Hay que escuchar a quien conserva la dignidad y el atractivo femenino en las situaciones más adversas.

—Todos llegamos igual que ustedes —continúa una vez que tiene a su público rodeándola en semicírculo—, pero nos levantamos y aquí estamos luchando. Sí se puede —marca una pausa que aprovecha para mirar a los ojos a cada uno de los presentes—. Instálense donde encuentren un espacio libre. Los que tienen niños vengan a verme al rato para que los ponga en la lista de espera de una carpa. Los que necesitan ropa también vengan conmigo después del desayuno.

Karina le tiende la mano a una señora que llora.

—Se van a sentir mejor después de comer. Pero antes, vamos a rezar y a agradecer al Señor porque seguimos vivos.

En su papel de oficiante retorna a su lugar ante el medio círculo de enlodados y entona unas plegarias al estilo de las nuevas iglesias, con las palmas de las manos hacia arriba. La mayoría levanta las manos igual que ella y cierra los ojos. Los cuerpos se balancean al ritmo de las palabras. Algunos lloran. Una mujer enlodada inicia una plegaria paralela, igual de rítmica, pero más baja y plañidera.

Al final de la oración hay aplausos. La gente sonríe, se ve mejor. Karina y otras señoras voluntarias preparan la avena. Los nuevos se sientan a las mesas con algunos migrantes de otras camadas que ya esperan el desayuno. Pronto ya no se puede hacer la diferencia entre quienes acaban de llegar y quienes llevan días o semanas allí, acampando.

3

Existen varios puntos de distribución de comida para el campamento. Camionetas de distintas iglesias se estacionan en los bordes de la plaza, sus ocupantes despliegan mesas y colocan encima ollas y bocinas. Los pastores agarran el micrófono y enuncian su sermón mientras las mujeres que los acompañan acomodan los platos y organizan las filas: la de los niños, la de las señoras y la de los varones. Estos van al final y casi nunca alcanzan alimento.

Un pastor habla de la lucha del bien contra el mal.

—Encima hay que escuchar sus sermones, ¡no puede ser! —exclamo, exasperada.

—A mí me parece bonito —dice con suavidad un muchacho junto a mí.

Un señor de camisa desabotonada filma con su celular la fila de niños, que es larguísima.

—¿Sabe usted qué es esto? —me dice agitando su celular frente a mis narices—. ¡Es un arma! ¡Una herramienta de información!

Su proyecto consiste en mandar el video a sus conocidos en Honduras, para que a su vez lo compartan con otros conocidos hasta que se haga viral.

—Que ya no engañen a la gente, como a nosotros.

Vendió las escrituras de su casa para pagar el viaje y ahora lleva dos meses en una carpa. No sabe volver a su país ni cómo encontrar trabajo aquí.

—Lo más importante —añade— es que ya no vengan con sus niños. Que vean cómo se sufre. No es lo que dicen allá. ¡Qué va!

Hay otra fila ante las carpas blancas recién instaladas de los Médicos Sin Fronteras. Todos los días vienen ellos o una asociación estadounidense de médicos voluntarios para atender las heridas y los achaques.

Al otro extremo de la plaza una pequeña muchedumbre se abalanza sobre unos hombres con las insignias del Instituto Nacional de Migración. El uniforme naranja revela que son del ala de asistencia humanitaria, llamada "Beta", entrenados para rescatar migrantes en situación de riesgo, como en medio del desierto.

Detrás de ellos, muy en evidencia, está aparcada la perrera, con la puerta corrediza abierta.

Los agentes tratan de poner orden entre la gente, sin mucho éxito. El más alto de ellos, que le lleva una buena cabeza al conjunto de migrantes inquietos, explica a voz en cuello que los informes son a primera hora de la mañana, que ahora solo vienen por los que están en la lista de repatriación voluntaria. Pero es imposible repeler el asalto de las señoras desesperadas por regresarse a casa con sus niños.

Algunos agentes ceden a la presión.

—A ver, señora —dice muy formalmente uno—, ¿usted es hondureña o chapina?

—Chapina —responde ella.

Tiene a un niño pequeño agarrado en cada mano.

—¿Y tiene los dos mil pesos de pasaje por persona?

—Dos mil pesos… —repite la señora.

—Los dos mil pesos son para el autobús que los lleva hasta Tapachula. Ya después ustedes cruzan la frontera hacia sus países, ahí ya no nos hacemos responsables.

—¿Pero de ahí cómo nos vamos a Honduras? —pregunta otra mujer.

—Eso sí no sé decirle, señora.

La voz del agente se eleva sobre el cuchicheo de los migrantes.

—Repito que deben primero tener el dinero para el pasaje. Ya luego nos entregan sus identificaciones y les hacemos el trámite del salvoconducto en veinticuatro horas. Es totalmente gratuito.

—Pero ¿y si perdí la identificación? —pregunta un señor de edad avanzada.

Dos de los agentes logran zafarse del tumulto para ocuparse de los que se van. Llaman nombres de una lista. Los aludidos levantan la mano y se acomodaban en una fila según les indican. Todos miramos a quienes retornan a sus casas, vencidos por la frontera. Ellos miran al piso.

Cuando los agentes comprueban que están los que deben estar, inicia el ascenso a la perrera. Cada adulto que escucha su nombre por segunda vez da un paso adelante, toma su credencial y la de sus hijos envueltas en los salvoconductos e ingresa al auto.

—Por favor, sus maletas atrás —repite un agente.

La mayoría de las personas va con las manos vacías, cargando a lo más una bolsa de súper con un suéter adentro o un peluche.

4

El inspector Monroy desearía tener un papel mejor definido en este lío. Las instrucciones de sus superiores han sido demasiado vagas hasta ahora. Primero lo movilizaron a la salida del puente internacional porque algunos grupos criminales mexicanos estaban secuestrando a los migrantes que expulsaban los Estados Unidos. Detectaban a los más desorientados, les ofrecían subir a sus coches con engaños y los encerraban en casas de seguridad.

Por eso, y por las molestias que ocasionaban a los ciudadanos que querían cruzar la frontera tranquilamente para sus quehaceres cotidianos, las autoridades desplazaron a los migrantes que acampaban al pie del puente internacional. Los reubicaron en la Plaza de la República, a dos cuadras de ahí, y el inspector recibió la orden de seguir cuidándolos.

Monroy porta el uniforme de la Guardia Nacional, un chaleco antibalas, lentes oscuros y un brazalete que dice: "Asistencia". Se aparece en una *pick-up* con pintura de camuflaje acompañado de tres hombres con armas largas. Es amigo de Kobra y le trae regalos.

Está indignado con el más reciente robo del celular. Le duele porque tendrá que conseguir por sus propios medios otro aparato para continuar recibiendo noticias del campamento vía Whats-App.

Por lo pronto, condecora a Kobra con un pin rectangular que dice: "Seguridad". Me dejan tomar una foto de la ceremonia donde ambos sonríen mirando a la cámara. Junto a la nueva insignia de Kobra, colocada horizontalmente a la altura de su pezón derecho, cuelga el dije dorado del dragón. Sobre la manga de su chaqueta ha cosido el emblema redondo de la "Draggon Nation".

—El mundo entero es mi nación —me explica Kobra.

Se trata de un parche bordado que representa al planeta Tierra con sus cinco masas continentales sin fronteras ni divisiones entre países.

Monroy no tiene permiso de ingresar al campamento, eso sí se lo han aclarado sus superiores. Solo puede vigilarlo desde afuera. Para un inspector es una catástrofe. Él quiere saber todo lo que pasa adentro y Kobra es uno de sus informantes predilectos.

Como todos los días, pregunta por los michoacanos, por Karina, por unos niños que están enfermos y revisa en la bitácora cuántos han llegado y cuántos se han ido.

Se lee así:

Ranger Draggon JEFE 08-07-2021 18h
We have 50 people enter, 30 people leave to South America
0 people leave to Path of Life
Total people here 2,664

—Kobra, ¿cómo sabes cuántos se fueron? —pregunto.

Según yo, el velador dormía cuando se fue la perrera con migrantes hacia la estación de autobuses.

—La camioneta de migración pasa por la caseta y así los cuenta nuestro conde Drácula —responde Monroy en su lugar—. Y también los que se lleva el pastor.

—Ah.

—De todas formas, es solo un aproximado —continúa el inspector, con la bitácora aún abierta entre las manos—; hay gente que se desaparece sin decir nada. Otros llegan de quién sabe dónde. No hay manera de tener orden.

El lema de Monroy es: "Orden, disciplina y aseo". En la *pick-up* sus hombres dejan envolturas de comida regadas por el piso y vasitos de unicel con restos de atole, pero en su persona Monroy luce impecable. Tiene el bigote arreglado al estilo de un actor de la época de oro del cine mexicano, una montura fina para sus gafas, la dentadura blanca, el uniforme planchado, las botas lustradas.

Había tratado de levantar un censo utilizando a José, un salvadoreño que trabajaba voluntariamente por el bienestar del campamento, ayudando a quien lo necesitara. Pero los hondureños se amotinaron. Corrió el chisme de que el censo era para deportarlos, así que despedazaron el cuaderno donde José hacía sus conteos y por poco lo linchan. Monroy sigue muy enojado con esos hondureños.

—¿Y dónde está José? —pregunto.

—En Senda de Vida. Se lo llevó el pastor —espeta Monroy—. Se lleva a la gente útil y los pone a trabajar en su albergue de a gratis. No se vale.

Como si fueran equipos contrincantes de futbol, Monroy quiere a los mejores jugadores en su cancha, es decir: el campamento de la Plaza de la República que protege con sus hombres, y considera que el capitán del otro equipo —o sea: el pastor— es desleal y le roba sus piezas más valiosas y estratégicas.

Con los datos recabados por José y los que pepena por sí mismo, Monroy ha elaborado un mapa esquemático de la plaza donde sitúa a los grupos de diferentes nacionalidades. En una hoja arrugada con anotaciones en pluma ha dibujado el puesto de los michoacanos al centro. Alrededor, en los primeros círculos de carpas, se ve puro hondureño, salvo por unas carpas de gente de El Salvador que Monroy ha señalado en naranja. Teme por su seguridad, pues según él, los catrachos no son de confiar.

—No es racismo —precisa con el índice levantado.

Ha establecido una clasificación de las nacionalidades presentes en el campamento. Opina que los salvadoreños son como los mexicanos, o sea "entrones" y "gente decente"; que los hondureños son "flojos", quieren todo gratuito y que sus mujeres hablan a pura leperada; y por fin que los guatemaltecos son "aga-chados", se hacen menos, un poco como los mexicanos del sur.

Los niños del campamento le sirven para sustentar su teoría. El dispositivo experimental consiste en juntarlos y ponerlos a concursar por diez pesos en pruebas sencillas de velocidad, de tino con canicas y de a ver quién logra el salto más largo. Los sal-vadoreños, me dice, tratan de ganar con sus habilidades —aquí me guiña el ojo como para decirme "¿ves?"—. Los guatemalte-cos, en cambio, continúa el inspector, se dan por vencidos antes de empezar. Pero los peores, asegura, son los hondureños: se van a llorar detrás de un árbol, se niegan a concursar y exigen los diez pesos de todas formas.

Quisiera discutir con Monroy este método que podría titu-larse: "De cómo reforzar los prejuicios", pero el inspector no me da tiempo. Vuela al rescate de un pequeño túmulo, visible sobre el camellón más cercano. Unos niños pisotean una cruz hecha con dos ramitas de árbol y plantada sobre el montículo de tierra. Además, se han apropiado de una rosa envuelta en un cucurucho de celofán. Lo veo recuperar la flor y regañar a los vándalos.

Espero junto a sus hombres que comen tamales sobre el co-fre del vehículo. Les acepto un *refill* de refresco en mi vasito de plástico.

—Es que había un muchacho de quince años con las facul-tades mentales averiadas —me cuenta Monroy cuando vuelve de ahuyentar a los niños—. Estaba perdido. Ustedes se acuerdan bien de él, ¿verdad?

Los hombres asienten, pero se diría que solo para darle gusto. Han de tener veinte años y no parecen darle ninguna importan-cia a lo que sucede por aquí.

—Se ponía loco si lo molestaban —continúa Monroy, con una gota de Coca atrapada en el bigote—. Le dábamos un vaso de refresco y se estaba tranquilo. Se sentía más protegido con nosotros, yo creo que por el uniforme. Se acercaba cuando nos veía, el pobre muchacho.

Un día, Monroy se lo encontró en el camellón acunando en sus manos a un pajarito muerto.

—No dejaba de llorar y le hablaba en voz baja al pajarito... ¿Sabes? —me dice Monroy—, yo creo que a ese muchacho le pasó algo muy feo.

Le dieron juntos cristiana sepultura. El muchacho durmió junto a la tumba del pajarito, sin aceptar cobijas ni nada, hasta que Monroy logró dar con su familia en San Pedro Sula. Lo mandó de regreso con los suyos, no sin antes prometerle que velaría sobre la pequeña tumba.

5

Es alto, es negro y dice ser de Oaxaca, pero no tiene pinta de mexicano. Su andar es flemático, flexible, como de africano, y calza sandalias brasileñas. El estilo del pastor apunta más al Caribe. Eso no lo detectan quienes vienen de otros países, y además no importa. Aquí en la frontera cada quien reescribe su historia. Si se tuviera que juzgar a un hombre ante el muro que erigen los Estados Unidos, sería con base en sus acciones. Y las del pastor son buenas.

En los años noventa habitó una casa de pequeñas dimensiones en el centro de Reynosa donde habilitó un espacio para recibir a las familias migrantes que tocaban a su puerta. Casi treinta años más tarde, regentea un albergue enorme al borde del río Bravo. Es el más grande, eficiente y célebre de la ciudad.

Está diseñado para recibir a doscientas cuarenta personas, aunque ahora aloja a más de seiscientas. El núcleo original constituido por barracas con literas, una capilla, un comedor, una cocina y los almacenes ya no alcanza. El terreno de básquet ha desaparecido bajo decenas de carpas y también una parte del anexo, que por ahora es un lodazal insalubre conectado a los terrenos del albergue principal por un estrecho pasillo de concreto. Un pedazo de ese terreno ha sido recubierto con cemento. Ahí se han instalado unas cien tiendas de campaña en un hacinamiento mayor al de Plaza de la República. Se accede al cemento saltando sobre tabiques hundidos en el lodo.

El suelo es mucho más duro, pero quienes acampan ahí están felices.

—Gracias a mi Dios Padre tenemos comida y techo —me asegura una madre de familia. Señala el panorama de las carpas resistiendo a la lluvia—. Y estamos protegidos. Bendito sea Dios.

Con esto se refiere a los muretes de tabicón que delimitan el anexo.

El pastor Héctor Silva sigue el más célebre consejo de Maquiavelo y negocia lo que haya que negociar: con la ONU, con los gringos, con los periodistas, con los políticos y hasta con los narcos. El fin vale los medios. Una tarde tuvo que recibir a ocho rehenes del crimen organizado. Llamaron a la puerta. "Se los encargamos unos días, le dijeron, que no les pase nada hasta que volvamos".

No les pasó nada, los criminales volvieron y se los llevaron de nuevo.

Luego vino el ejército con unos presos, los encargaron y también volvieron por ellos.

Sobre las tierras federales que algún político bien intencionado le otorgó y de donde otros lo quieren expulsar, el pastor vive bien, dentro de una casita linda con jardín propio y cuidado, separada de las áreas comunes por una reja anticiclónica de dos metros de alto. Por lo regular hay migrantes haciendo jardinería entre los setos y las rosas. Se sabe que la comida es sabrosa en su mesa. Puede ser la razón de la panza que ya asoma en su cuerpo atlético, aunque también puede ser que ya tiene sus años y ha tenido una vida de preocupaciones. Los cabellos crespos del pastor ya pintan entre blancos y grises.

Todos los migrantes quieren estar en Senda de Vida porque funge como una antesala a los Estados Unidos. Al ingresar cada persona pasa por una entrevista detallada. Una vez que han entregado sus datos, narrado su historia y especificado sus intenciones, los nuevos reciben a cambio el número telefónico de una abogada que trabaja del otro lado y que llevará su caso. Es el gran chiste de Senda de Vida, que funciona de la mano de asociaciones gringas.

Son abogadas siempre. "Queremos contactar a una abogada" o "busco una abogada" son frases tan comunes en Plaza de la República como aquí.

—Quiero estudiar para ser abogada —me dice una jovencita de trece años.

—Nos fuimos porque allá me iban a violar a mi hija —dice la madre.

Tienen en las manos unos raspados rojos. Como los migrantes no pueden salir, por las tardes el pastor permite el ingreso de algunos carritos de helados, paletas y esquites. La madre clava la cuchara en el hielo rojo antes de añadir:

—En el barrio una adolescente corre demasiado peligro.

—Quiero ser abogada para ayudar a los migrantes —continúa la niña. Tiene una cara redonda y una sonrisa con hoyuelos.

—Yo voy a trabajar para que ella estudie —dice la madre—. Mañana nos vamos.

—¿Ya les dijeron? —pregunto.

—¡Ya hasta nos hicimos la prueba del covid! —exclaman. Como dijeron eso exactamente al mismo tiempo y con las mismas palabras, se ríen.

Casi cada mañana el pastor sube a unos veinte migrantes a un autobús de escuela. Recibió el vehículo en donación y él mismo lo conduce hasta la frontera. Del otro lado los esperan las asociaciones gringas que ayudan con el papeleo para continuar el proceso de refugio.

Mientras tanto, las veinte camas que se liberan son inmediatamente ocupadas por personas que dormían sobre el suelo en la cancha de básquet. Al mudarse, a su vez ellos liberan sitio en la cancha de básquet, inmediatamente ocupado por personas que esperaban esta oportunidad en el terreno anexo.

Ciertos días, antes de volver al albergue el autobús de escuela pasa por Plaza de la República a recoger migrantes. Las personas que ya figuran en la *short list* del pastor sienten un acelerón de la sangre cuando aparece el vehículo. El autobús vuelve a Senda de Vida con gente nueva que ocupa el espacio recién liberado en el anexo por las personas que se fueron a instalar a la cancha de básquet de donde salieron otras para mudarse a las barracas. Para los que duermen en litera, la frontera se siente más cerca, a uno o dos meses de distancia.

Saben que el proceso no termina ahí sino que continúa del otro lado, pero pocos saben qué significa eso. La gente avanza por este camino como por los cuatro estómagos de una vaca, a oscuras.

6

Cuando está de turno en la puerta, Carlos Darío gratifica a los vehículos de visitantes que entran o salen de Senda de Vida con un: "¡Abajo la dictadura!". Es igual de atlético y alto que el pastor, solo que en güero. Porta una cruz de madera bien pulida al pecho. Gesticula y habla fuerte, como hacen en Cuba, para hacer partícipes a todos de todo.

Carlos Darío llegó a Reynosa en autobús, con los pantalones limpios. Desde la estación de ADO caminó hasta el puente internacional y declaró: "Soy cubano y vengo huyendo de la dictadura; por favor, denme asilo político". Los agentes de migración le señalaron con amabilidad el camino a Senda de Vida. Carlos Darío siguió las indicaciones y enfiló por una carretera solitaria entre los juncos y la basura que bordean el río. Es uno de los caminos más peligrosos del mundo, pero lo protegió la ignorancia. Avanzaba entre dos muros de vegetación salvaje, sin alma a la vista a quien preguntar si en efecto iba en la dirección correcta.

Migrantes como él asediaban la puerta del albergue. Más bien: diferentes que él, pues eran centroamericanos que huían de la pobreza, la violencia y las pandillas.

Carlos Darío no hizo caso de las instrucciones de ir a Plaza de la República e inscribirse en la lista de espera. Mientras los centroamericanos se resignaban, suspiraban, recogían sus tiliches y tomaban rumbo hacia la plaza, el cubano permaneció ante la puerta, bajo el rayo del sol.

—Hermano José —le decía al veracruzano bizco que vigilaba la puerta—. Deme chance y yo apoyo aquí en lo que sea.

El rostro negro del pastor asomaba de vez en cuando por la celosía metálica de la puerta, para mirar a los de afuera. El cubano seguía ahí cuando el sol se acostó. A las nueve de la noche el pastor dijo: "Déjenlo entrar".

Carlos Darío ahora cuida celosamente la misma reja y repele a decenas de migrantes cada día.

Según él, llegan a la puerta muchos mentirosos, capaces de cualquier invento para ingresar al albergue por encima de los demás.

—Unos dicen que vienen de ser secuestrados, y mira que se ven limpios y perfectos —Carlos Darío se enoja cuando cuenta esto—. Tan solo ayer llegó una señora bajo el aguacero con el cuento de que venía caminando desde la frontera, donde su familia la abandonó. Qué va, no estaba tan mojada. Un taxi la dejó en la esquina, te lo aseguro. Hasta lo vi.

La violación, dice Carlos Darío, les funciona siempre. Muchas mujeres dicen que fueron violadas, para que las dejen entrar, pero es solo engaño.

—Mira, aquí hay mujeres que sí fueron violadas y se comportan muy diferente. No como las mentirosas que al segundo o tercer día ya quieren salir con cualquier pretexto, recién bañadas y arregladas. Te lo voy a decir, las mujeres violadas ni hablan y ni se acercan a la puerta.

El portero no solo tiene que contener a los que quieren entrar, sino también a los que, una vez dentro, ahora quieren salir. Por seguridad, no se permite el libre tránsito entre afuera y adentro.

Carlos Darío está en su hora de descanso y nos sentamos frente a una máquina distribuidora de refrescos. Le compré una Coca y él compró otra para un niño güerillo, que venía de El Salvador.

—Cómo se encariña uno con estas criaturas —me dice—. Ayer se fue uno para la frontera con su familia, me sacó lágrimas. Sus padres también eran buenas personas.

Tenemos vista sobre la hilera de barracas. Un señor con lentes negros barre el atrio del templo. Toca con la mano los contornos de los obstáculos, avanza con la escoba al frente como si fuera su bastón.

—El pastor tiene criterios extraños, yo no lo cuestiono. Hay un anciano en silla de ruedas en la casita de allá. No pudo entrar a los Estados Unidos y lleva dos años viviendo aquí.

—Igual y ya se queda en este albergue —digo.

—Es que no lo van a dejar entrar a los Estados Unidos, los americanos no son idiotas. Necesitan hombres válidos, gente que trabaje, no ancianos.

—¿Piensas que eso está bien?

—Sí. La gente que puede aportar algo debe pasar primero.

7

El adolescente sordo me sostiene la mirada durante un minuto completo sin pestañear. Su amplia sonrisa convierte este reto en algo muy agradable. Podríamos mirarnos muchos minutos más. Estamos sentados frente a frente justo en el corredor que conecta el albergue viejo con el anexo en construcción.

El padre del adolescente está emocionado porque se encuentra muy cerca de cumplir el sueño de su hijo. A menos de un kilómetro de aquí empiezan los Estados Unidos, el país donde realizan la cirugía que le permitirá oír por primera vez en su vida.

—No es que mi hijo quiera solamente escuchar —insiste el padre—, él quiere hablar. Y para eso, necesita oír.

El muchacho sordo tiene unas orejas enormes. Observa la conversación, sus ojos color agua sucia brillan con astucia. Además, quiere estudiar inglés y convertirse en traductor, nos explica su padre. Ha sido mucho sacrificio, pues tuvieron que dejar a la madre a cargo de las labores del campo y de los otros hermanos para realizar este viaje de esperanza.

Unas nubes negras y pesadas comienzan a concentrarse encima de nosotros.

También está aquí José, el salvadoreño que intentó hacer el censo del campamento en Plaza de la República. Sigue ayudando en lo que puede. Ha marcado con guías e hilo el terreno del anexo y está en espera de más cemento, que debe llegar en donación.

—Yo creo —dice José— que mis padres originales eran mexicanos. Tengo como ese recuerdo, la verdad siento mucha afinidad con las cosas de este país.

José fue criado por un robachicos. Llegó de dos años a esa casa, con la misión de sustituir a un hijo muerto. Pero no lo trataron igual que a los demás hijos. Lo pusieron a trabajar desde los nueve.

José lo narra como una injusticia, pero también como una ventaja: así aprendió muchos oficios y sabe ganarse la comida desde niño.

Le doy noticias de sus conocidos en la plaza.

—Monroy te extraña —le digo—. Está enojado con el pastor porque te llevó.

—Ay, Monroy —suspira José.

Parece que entre ellos se ha formado un sentimiento similar al enamoramiento. Entre varones heterosexuales, suele ser una admiración mutua e irrestricta.

—No me llevó el pastor, fui yo quien le pedí que me llevara —me explica José—. Fue por los lavacoches que me veían con el comandante, eso les molestaba. Hacían como que limpiaban y cuidaban los autos estacionados alrededor de la plaza, pero más bien prostituían a unas chicas hondureñas en una casita en obra negra. Yo podía ver el movimiento desde mi carpa que estaba de ese lado, al límite del campamento. Y entonces un día me amenazaron con cuchillos. Querían que me vaya.

Un muchacho que escucha la conversación me intriga por su semblante más sombrío que las nubes de lluvia que se amasan en el cielo. Está a punto de soltarse el aguacero.

—¿Te sientes bien? —le pregunto.

—Estoy preocupado, pero estoy sano —responde.

Las abogadas gringas no quieren tomar su caso porque lo han deportado dos veces y México no le otorgó el asilo. Dice que no puede volver a El Salvador porque lo tienen amenazado de muerte. El pastor le ha dicho que puede quedarse un poco más, mientras decide qué hacer. No sabe si irse a Colombia o a África, me pregunta si yo puedo decirle qué conviene más.

—Espera. ¿Ya contactaste al Instituto Federal de Defensoría Pública de México?

Me mira sin comprender.

—Explícales tu caso a ellos.

Caen las primeras gotas de lluvia, forman manchas burdas sobre la ropa y el piso. El chofer que cité para recogerme me espera a la salida de Senda de Vida desde hace un cuarto de hora.

Escribo a las prisas el nombre del instituto en una esquina de mi cuaderno y le entrego el pedacito de hoja. El salvadoreño lo toma y lo hace desaparecer tan rápido que parece truco de magia. Ni siquiera lo lee, más bien lo oculta en la bolsa del pantalón como un secreto.

Aun si todos han escuchado nuestro intercambio, veo gestos de indignación. El padre del muchacho sordo grita:

—¿Y nosotros qué?

—¡Pero solo escribí el nombre del instituto! —argumento.

El hombre me mira ceñudo. Una señora me jala del brazo y me pide a la oreja que le dé el número de teléfono también a ella.

—No es un número de teléfono, ¡lo juro!

El muchacho que escondió el papelito en su bolsa se ha quedado de piedra, no dice nada, se ha transformado en un poste.

Me despido con torpeza, avergonzada por haber causado esta confusión, por tener tan poco que ofrecer, por tener tanta prisa. El coche me espera afuera. Salgo casi corriendo.

"¡Abajo la dictadura!", grita Carlos Darío, para despedirse.

8

—¿Cómo? ¿No has visto a los deportados que llegan al puente? —exclama Monroy.

Niego con la cabeza.

—Vente, te llevo a dar una vuelta. Yo hago las preguntas, tú observas.

Le hace señas a uno de sus soldados para que nos siga y marchamos los tres hacia el puente internacional.

Hay un montón de deportados frescos. Nos acercamos a unos que se han sentado sobre un pequeño desnivel que tiene la altura de un ladrillo, con los pantalones enlodados hasta las rodillas, los brazos caídos, la mirada perdida. Son varones de distintas edades.

Lo primero que ven los que están sentados son las botas bien engrasadas del inspector. Luego, al levantar la mirada, su uniforme de camuflaje.

—¿De dónde vienen, amigos? —pregunta Monroy con un tono neutro.

Se ponen tiesos. Señalan vagamente el puente.

—A ver señor, usted, ¿de dónde es? —retoma el inspector.

Con el índice designa a un hombre de rasgos indígenas que abraza a su hijo.

—De aquí —responde él, señalando la ciudad.

—¿De aquí de Reynosa? —se burla Monroy—. ¿Y de qué colonia?

—De... Flores.

Se traga la mitad de la palabra.

—A ver, muéstreme sus papeles —ordena Monroy.

El hombre entrega dos pasaportes color guinda que el inspector revisa lentamente, hoja por hoja.

—Así que de Ecuador... ¡Muy bien! —exclama Monroy con una sonrisa amistosa—. No tiene por qué mentir. Aquí está a salvo, bienvenido a México.

Le devuelve los pasaportes.

—¿Y ustedes? —pregunta a otros.

Ellos confiesan de inmediato que vienen de Honduras.

Después de esta pequeña demostración de poder, el inspector les da ánimo y consejos. "Retomen fuerzas", dice, "no se lancen a acciones precipitadas, no hay prisa, aquí nadie les va a hacer nada por el momento". Les señala dónde está el campamento, explica que ahí podrán encontrar connacionales e informarse sobre lo que sigue.

—Busquen a la señora Karina. Y por ningún motivo —dice Monroy, mirándolos a los ojos uno por uno—, pero por ningún motivo —repite—, se suban a un coche desconocido. No les crean a las personas que ofrecen ayuda, porque lo más seguro es que los quieren secuestrar. ¿De acuerdo?

Ellos asienten con la cabeza. Se nota que tienen ganas de que los dejemos en paz. Pero antes de eso, Monroy quiere saber por dónde cruzaron y cuánto pagaron. Ninguno tiene idea del lugar de cruce. Durmieron en una casa de seguridad un par de días y luego atravesaron el río en un paraje desolado. Los hondureños dan un aproximado de ocho mil dólares por los cinco: un abuelo, un hombre y tres niños. Se animan a contar que el pollero que los llevaba en la balsa perdió su botella de agua y eso lo volvió loco. Los acusó de haberla robado y los golpeó.

Los ecuatorianos no colaboran con ninguna información extra. El padre tiene los ojos rojos, irritados por el cansancio y la congoja, mientras que el niño juega tranquilamente con sus tenis mojados y sin agujetas.

Vamos hacia otro grupo de enlodados. Son mujeres y niñas. Una señora llora, así que Monroy se muestra más cauto.

—No lloren, no es el fin del mundo —les dice en tono paternal.

Las mujeres miran estupefactas al metiche. Pero el asombro dura apenas un segundo, casi al instante sus ojos pierden el brillo y sus cuerpos se ponen tiesos, a la espera de una prueba más. Las niñas, igual que el pequeño ecuatoriano, están tranquilas.

Monroy trata de darles ánimo.

—Bien. ¿Querían entrar a los Estados Unidos, verdad? Pues no se pudo. ¡Pero hay más cosas que hacer! La vida sigue, ¡señoras!

Ellas escuchan sin responder.

Monroy quiere saber, otra vez, cuánto pagaron y por dónde cruzaron.

—Estuvimos en la casa de una familia de mexicanos —dice una de las señoras—. Fueron muy amables, no era en la ciudad. Luego pasó una camioneta por nosotras y nos llevó al río.

—Será por Miguel Alemán —opina Monroy.

Otra señora dice que el balsero las dejó prácticamente a medio río. Tuvieron que cargar a las niñas, con el agua a la cadera para alcanzar el otro lado. Los coyotes del río Bravo corren con el nombre de *pateros*, precisamente por la costumbre de echar "patos al agua".

—La Border Patrol ya nos esperaba —dice la primera.

—¿Y cuánto les cobraron?

—A nosotras —dice una mujer descalza señalando a su hija— seis mil dólares.

—Ocho mil desde San Pedro Sula —dice otra.

Monroy les da la moraleja: se pierde mucho dinero si una trata de irse por lo chueco en vez de por lo derecho.

Mientras habla, ellas quedan mirando un punto impreciso al frente como oyendo ruido blanco.

A nuestro lado pasa una joven descalza con los pies heridos, con sangre también en los brazos y la ropa empapada. Su cabello largo escurre agua con tierra y le ensucia la cara. Llora y sorbe mocos. La ayuda a caminar un señor mojado, pero menos, que le carga la bolsa transparente con sus pertenencias.

Al despedirse de las mujeres, Monroy les hace las mismas recomendaciones que a los anteriores, les señala el campamento, les dice que pregunten por la señora Karina y añade que pueden pedir una repatriación voluntaria si desean regresar a la seguridad de sus hogares.

—Busquen a los del Instituto Nacional de Migración, unos de uniforme naranja que vienen por las mañanas.

Un muchacho enlodado está al teléfono, a dos metros de nosotros, hablando a lágrima tendida. El inspector lo ignora y avanza hacia el siguiente grupo, una familia de salvadoreños. El soldado armado de Monroy nos sigue a todas partes, conservando unos cinco metros de distancia.

Los salvadoreños declaran estar muy satisfechos con el servicio del coyote contratado, les dieron de comer y beber en abundancia durante el camino y los hicieron dormir en camas cómodas. El problema fue llegando a los Estados Unidos.

—¿Y ahora? —pregunta Monroy.

—Ahora no sabemos —dice una de las salvadoreñas.

Monroy les da sus consejos y luego volvemos hacia el campamento con el sentimiento de la misión cumplida. Vemos que la chica herida de pelo largo y mojado está siendo atendida en la carpa de los médicos voluntarios.

Nos recibe Kobra con la noticia de que el pastor ha visitado el campamento, pero que no se llevó a nadie.

Monroy bufa.

—Nada más falta que ese cabrón se lleve a Karina —dice.

—Karina… —suspira Kobra, enamorado.

—Me gustaría —retoma Monroy— que toda esta gente cruce al otro lado de una buena vez o que se regresen a sus casas, pero que ya liberen la plaza. Yo me quiero regresar a mi casa también.

9

—¿Kobra?

—*Yes darling?*

Son las ocho de la mañana y se ha puesto un gorrito para dormir, aun si el día se anuncia igual de cálido que el anterior.

—¿De verdad no tienes nacionalidad?

Mira al cielo con una sonrisa cómplice. En su boca abierta y sin dientes asoma una lengua amarilla por la nicotina.

Saca un pequeño maletín de debajo de su catre. Me entrega una credencial y un fólder de cartón azul cielo con un expediente.

La identificación la expidió el Instituto Nacional de Migración que reconoce a "Kobra Lucifer Draggon" como un refugiado apátrida. El expediente, por su parte, contiene las hojas del juicio en Saltillo. Dos testigos, hermano y hermana oriundos de esa ciudad, daban fe que conocían a Kobra, que este había nacido de madre rumana en un avión que sobrevolaba Italia, que el vuelo había salido de África (no precisaban el país) con rumbo a Moscú. Los hermanos testificaban que Kobra fue criado en un orfanato ruso y tuvo que huir a los Estados Unidos, a los diecisiete años, por causa de sus actividades revolucionarias.

En otra hoja se reproduce el interrogatorio al mismo Kobra. A la pregunta: "¿Por qué no ha salido del territorio nacional?", el interesado responde: "Porque nunca he tenido documentos, ya que me considero un apátrida; técnicamente no existo, y aquí podré tener la oportunidad de obtener documentos que acrediten mi identidad".

Así fue. México oficializó su nombre de Kobra Lucifer Draggon y su identidad de apátrida, misma que los Estados Unidos le negaron durante cuarenta años.

Tenía su poesía que un velador de setenta y tres años, sin patria ni familia, equipado con unas esposas de *sex shop* y una sonrisa sin dientes, protegiera el sueño de los que dejaban atrás un país en pos de otro. Quién sabe adónde irá Kobra cuando el campamento se disuelva, porque él no quiere cruzar. Él viene de allá y sabe que no siempre es un lugar mejor.

AGRADECIMIENTOS

Leticia Calderón, Alejandra Carrillo, Yvonne Dávalos, Diego Delgado, Alejandro Flores, Julieta García, Nayeli García, Alfredo Limas, Eloísa Nava, Guadalupe Nettel, Andrés Ramírez, Carlos Rodríguez, Adrián Román, Fernando Santiago, Miguel Turriza, Amarela Varela, Karen Villeda.

Índice

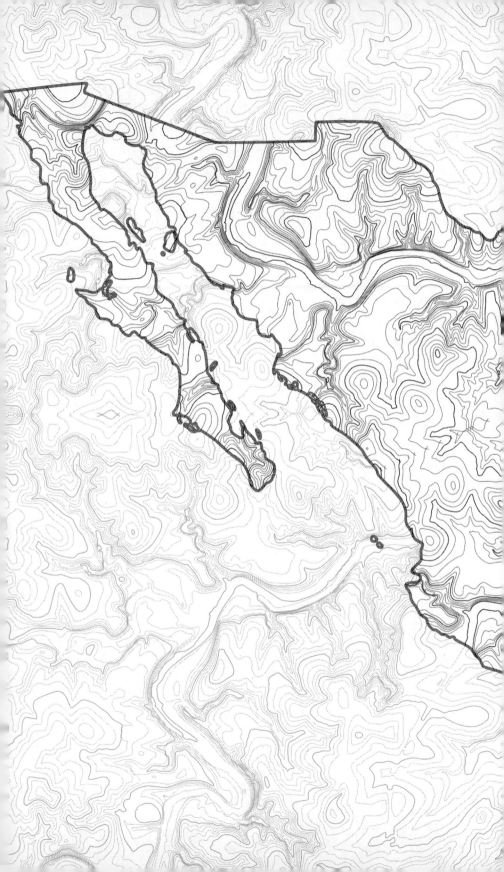

Los muros de aire de Yael Weiss
se terminó de imprimir en julio de 2023
en los talleres de
Impresora Tauro, S.A. de C.V.
Av. Año de Juárez 343, col. Granjas San Antonio,
Ciudad de México